한 권으로 끝내는
교육기관 설립의 모든 것

한 권으로 끝내는 교육기관 설립의 모든 것

발행일	2025년 2월 27일			
지은이	안은선			
펴낸이	손형국			
펴낸곳	(주)북랩			
편집인	선일영	편집	김현아, 배진용, 김다빈, 김부경	
디자인	이현수, 김민하, 임진형, 안유경, 한수희	제작	박기성, 구성우, 이창영, 배상진	
마케팅	김회란, 박진관			
출판등록	2004. 12. 1(제2012-000051호)			
주소	서울특별시 금천구 가산디지털 1로 168, 우림라이온스밸리 B동 B111호, B113~115호			
홈페이지	www.book.co.kr			
전화번호	(02)2026-5777	팩스	(02)3159-9637	
ISBN	979-11-7224-507-8 03190 (종이책)	979-11-7224-508-5 05190 (전자책)		

(주)북랩 성공출판의 파트너

북랩 홈페이지와 패밀리 사이트에서 다양한 출판 솔루션을 만나 보세요!

홈페이지 book.co.kr • **블로그** blog.naver.com/essaybook • **출판문의** text@book.co.kr

---

작가 연락처 문의 ▶ ask.book.co.kr

작가 연락처는 개인정보이므로 북랩에서 알려드릴 수 없습니다.

한 권으로 끝내는
교육기관 설립의
모든 것

안은선 지음

북랩

2017년 10월 31일, 방과후 강사로 활동한 지 9년 차가 되던 해 나는 평생교육원 원장, 교육부 인가 사회적 협동조합 이사장, ㈜나노 교육 홍보 기획이사, 부산·울산·제주도 총괄본부장이라는 다양한 타이틀을 가진 채 『꿈을 가진 엄마는 멈추지 않는다』라는 제목의 책을 출간했다.

결혼 후 가정을 돕기 위해 시작했던 초등학교 방과후 강사 시절과, 둘째 아들의 장애로 평범했던 일상이 흔들리고 치열하게 살아가야 했던 그 시절을 떠올리며 글을 썼다. 그때는 큰아이가 초등학교 5학년, 둘째는 초등학교 3학년이었는데, 어느덧 큰딸은 대학생이 되었고 둘째 아들은 고등학교 2학년이 되었다. 나 또한 혈기 왕성했던 30대를 지나 이제는 40대 후반에 들어섰다.

7살 때 유급하거나 장애 학교를 알아보라는 권유를 받았던 둘째는 다양한 바우처 프로그램과 좋은 선생님들의 도움 덕분에 지금은 평범한 사춘기 아이로 성장했다. 특수아동이었던 둘째 아들의 유치원 OT 당시 또래 엄마들의 매몰찬 말을 듣고 상처받았던 그 순간이 오히려 계기가 되어, 내가 직접 정부 지원 바우처 프로그램을 운영하겠다는 결심을 하게 되었다. 그렇게 시작된 바우처 프로그램은 어느덧 12년째 이어지고 있다. 처음엔 단지 강사로만 머무를 거라고 생각했던 내가 지금은 다양한 교육 프로그램을 운영하며 교육원을 이끌어가는 사람이 되었다.

둘째가 선천적으로 청각장애를 가지고 태어난 것에 대해, 나는 늘 원망이나 자책의 감정과 씨름해야 했다. '임신 중에 음식을 제대로 못 먹어서 그런 걸까? 나쁜 생각을 해서 아이에게 영향을 준 걸까?'라는 생각으로 수없이 자책하던 날들이 있었다. 하지만 그런 마음을 이겨내며 좋은 친구들, 좋은 선생님, 그리고 좋은 어른들이 둘째 아이의 곁에 많아지기를 매일 기도했다. 내가 좋은 일을 많이 하면 그것이 아들에게도 좋은 영향으로 돌아갈 거라는 믿음 때문에, 때로는 힘들고 귀찮고 불편할 때도 있지만 더 많은 사람들에게 도움을 주려고 노력한다.

2009년부터 지금까지 해온 일들을 정리하며, 이제는 자리를 잡아가는 강사들에게 도움이 되고자 두 번째 책을 쓰기로 마음먹었다.

2025년 2월
안은선

제1장

공부방(개인과외), 교습소, 학원
등록 절차

1. 새로운 도전: 나 홀로 공부방의 시작

2022년 12월, 건강검진을 받으며 바쁘게 살아가던 내 삶에 뜻밖의 쉼표가 생겼다.

"지금 외래로 가서서 외과 소장님을 만나보세요."

검진 중 간호사에게 들은 이 말에 나는 당황할 수밖에 없었다.

"네? 지금이요? 검진 중인데요?"

갑작스러운 외래 방문 요청에 놀라움과 긴장이 밀려왔다. 외래 진료를 기다리는 동안, '남편 말을 들을 걸 그랬나. 왜 갑자기 외래로 가라고 하는 거지?'라는 생각이 머릿속을 떠나지 않았다. 코로나로 인해 3년간 미뤄왔던 종합검진을 더 이상 미루지 말라는 남편의 성화 덕분에 마침내 검진을 받게 된 상황이었다.

그 후 여러 번의 검사와 조직검사를 거쳐 두 번의 수술을 받았고, 나는 암 환자가 되었다. 다행히 큰 수술은 아니었지만, 수술 이후 체력은 바닥났고 작은 스트레스에도 몸이 며칠씩 아플 정도로 예민해졌다. 지금은 예전처럼 평범했던 일상이 너무나 그립다. 하지만 내 상황을 담담히 받아들이며 큰 걱정 없이 하루하루를 충실히 살아가려고 한다.

아프기 전까지, 두 번째 책을 쓰기 위한 준비를 하고 있었다. 코로나로 이어진 4년의 시간을 잘 견뎌낸 나 자신에게 작은 이정표를 남기고 싶었고, 그동안 묵혀두었던 글을 다시 써보겠다는 다짐을 하던 참이었다. 하지만 그때 뜻하지 않게 이런 일이 생기고 말았다. 다행히 건강검진을 통해 발견된 것은 초기 암이었고, 방사선이나 항암치료 없이 절제 수술과 꾸준한 약 복용으로 관리할 수 있는 비교적 온순한 암이었다.

수술과 치료, 그리고 검진을 받으며 몇 달간 멈췄던 글쓰기를 다시 시작하게 되었다. 죽을병은 아니었지만, 내가 아팠던 시간 동안 남편과 부모님, 그리고 자식들이 마음고생했던 생각에 지금도 가슴이 먹먹해진다. 아픈 것이 내가 열심히 살아온 과거 때문은 아니겠지만, 그래도 너무 치열하게 살아왔던 나를 스스로 위로해주고 싶다.

이번 책은 2009년부터 지금까지 내가 해온 일들을 정리한 책이다. 대한민국에서 강사로 활동하는 많은 분들에게 도움이 될 컨설팅 자료로 쓰이기를 바란다. 그리고 나에게 컨설팅을 받고 자신의 길을 찾은 많은 분들이 어느 자리에서든 자신이 받은 도움을 기억하며 또 다른 누군가를 도와줄 수 있기를 희망한다.

2009년 방과후 강사로 첫 수업을 시작해, 2017년 10월 공부방을 창업하기까지 9년 동안 강사로 활동했다. 그러나 2017년 5월, 문득 방과후 수업에 회의감이 들기 시작했다.

방과후 수업을 시작한 이후부터는 누가 시키지 않아도 스스로 배움을 찾아 헤맸고, 무엇인가를 배우지 않으면 조급함이 느껴질 정도로 끊임없이 학습에 몰두했다. 다양한 자격증을 취득하며 늦깎이로 공부를 시작해 대학원에 진학하기도 했다.

큰아이는 종종 "엄마, 자격증만 붙여도 내 방을 도배할 수 있겠다"라고 농담하곤 했다. 실제로 그동안 취득한 자격증과 수료증은 강의실 하나를 가득 채우고도 남을 만큼의 양이었다.

이 모든 것을 이루기 위해 적지 않은 비용과 무엇보다 많은 시간을 투자해야 했지만, 하루라도 배우지 않으면 어딘가 불안한 기분이 들 만큼 배움에 열정적이었다. 자격증을 얻는 과정 자체를 즐겼던 것 같다. 자격증 취득 외에도 여러 단체를 설립하고 컨설팅을 제공하며, 매일 무언가를 새롭게 만들어내는 데 몰두했다. 그렇게 하나하나 쌓아 올린 시간과 노력이 지금의 나를 만들어주었다.

그러던 어느 날 문득, 내가 번아웃(burnout)에 빠진 게 아닐까 하는 생각이 들었다. 매일 지치고, 때로는 무기력해져서 아무것도 하고 싶지 않았다. 만나는 사람들조차 나를 좋아하지 않는 것 같다는 생각에 사로잡히기도 했고, 늘 긍정적이었던 내가 점점 부정적으로 변해가는 모습을 보며 의욕이 점점 사라졌다.

과도하게 많아진 일과 책임이 점점 나를 짓눌렀고, 일에만 매몰된 내 모습이 스스로도 안쓰럽게 느껴졌다. 그때 깨달았다. 나는 충분한 휴식이 필요하다는 것을. 그리고 남들의 과도한 기대에서 벗어나 내 한계를 인정하고 나 자신을 더 돌봐야 한다는 것을.

나는 자잘한 일들을 하나씩 정리하기 시작했다. 불필요한 일들을 덜어내고, 마침내 방과후 수업도 그만두기로 결심했다. 몇 년간의 노력으로 방과후 강사로 자리를 잡았고, 그 일의 흐름을 눈감고도 알 수 있을 만큼 익숙해졌기에 이 결정을 내리기까지 많은 고민이 있었다. 하지만 나를 위한 선택이었기에 용기를 내기로 했다.

자상하고 가정적인 남편은 바쁜 내 삶에 대해 응원보다는 걱정을 더 많이 했던 것 같다. 그는 가족과 함께하는 식사 시간이나 가족여행 같은 순간들을 무엇보다 소중히 여겼지만, 나는 그런 부분을 잘 챙기지 못했다. 겉보기와 달리 나는 무뚝뚝한 편이었고, 아이들이 커가는 모습을 가까이에서 지켜보지 못한 채 일에 쫓겨 주말에도 출근하는 날이 많았다. 아마 그런 내 모습이 남편에게 서운함을 주었을지도 모른다.

그는 내가 7년 동안 운영했던 교육원에도 발걸음을 거의 하지 않았다. 그리고 내가 갑자기 방과후 강사를 그만두고 새로운 일을 시작하겠다고 했을 때, 남편은 선뜻 찬성하기 어려웠을 것이다. "나 방과후 강사 그만둘래." 지금 생각해보면, 남편과 충분히 상의하지 않고 거의 통보하듯 이야기했던 것 같다.

나는 어릴 적부터 겁이 없는 편이었다. 그래서 실수도 많았고, 후회도 적지 않았지만, 이상하게도 한번 결심하면 끝까지 해내고 싶어 하는 성격이었다. 남편은 그런 내 모습을 누구보다 잘 알고 있다. 그래서 내가 무언가를 결심할 때마다 그의 마음속에도 여러 가지 생각과 걱정이 교차했을 것 같다.

신축 아파트가 밀집된 지역에 공부방을 차리면 어떨까 고민했지만, 아직 어린 둘째 아이도 있고 출퇴근이 가까운 곳이 더 좋을 것 같아 별다른 고민 없이 집 근처의 오래된 대단지 아파트에 공부방을 열기로 했다. 누구와 상의하지도 않은 채, 덜컥 계약서를 쓴 나는 계약을 마치고 나오면서 왠지 큰 성공을 거둘 것 같은 설렘에 가슴이 두근거렸다.

보증금 2천만 원에 월세 45만 원으로 작은 아파트 1층을 임대했다. 평소 과감한 성격답게 월세 1년 치를 한꺼번에 지불하면서, 1년간의 자유를 확보한 기분이었다.

하지만 아무런 준비 없이 시작했던 공부방은 처음 2개월 동안 학생이 한 명도 오지 않았다. 아침마다 불을 켜고 들어가 혼자 앉아 있다가 저녁이 되면 불을 끄고 나오는, 그야말로 나 홀로 공부방이 되어버렸다.

그 시점에서 나는 '그래도 이 분야에서 꽤 인정받는 사람인데, 전단 몇 장 붙이면 금방 연락이 오겠지'라는 안일한 생각으로 버티고 있었던 것 같다. 그러나 현실은 그리 호락호락하지 않았다.

2. 100명의 아이들, 성공 비결은 매뉴얼

누구나 한순간 반짝이고 사라지는 별이 되기를 바라지 않는다. 나 역시 공부방을 처음 열었을 때, 내가 하는 일을 인정받고 오랫동안 빛나며 사랑받기를 꿈꿨다. 하지만 현실은 달랐다. 반짝이기는커녕 내 자리를 찾기도 전에 어려움에 부딪혔다.

공들여 공부방을 열고 열심히 노력했지만, 아이들이 쉽게 모이지 않았다. 작은 공부방이라서 그런 걸까? 화려한 학원이 아니라서 그런 걸까? 수많은 생각이 머릿속을 스쳤다. 크고 화려하지는 않더라도 나만의 색깔을 가진 무언가가 필요하다는 생각이 들었다. 스스로를 객관적으로 돌아보며 상황을 분석하고, 문제를 해결할 냉정한 판단이 필요했다.

"선생님, 혹시 공부방이나 학원을 정말 잘 운영하시는 분을 아세요?"

내 갑작스러운 질문에 지인이 명쾌하게 대답했다.

"있지요. 얼마 전에 알게 된 분인데, 미술 공부방을 운영하시는데 원생이 100명쯤 된다고 하더라고요."

"100명이요? 설마요!"

그 숫자에 놀랐지만, 무엇보다 혼자서 100명의 아이들을 가르친다는 그분이 너무 궁금했다.

"꼭 만나 뵙고 싶은데, 소개해주실 수 있을까요?"

그러자 지인이 말했다.

"그분이 워낙 유명해서 공부방 운영 노하우를 배우고 싶어 하는 사람들이 많아요. 그래서 시간 내어 만나주실지는 모르겠네요."

알고 보니 나뿐만 아니라 많은 사람이 그분을 만나고 싶어 했다. 하지만 나는 그분을 꼭 만나야겠다는 마음이 강했다.

"꼭 한 번 만나 뵐 수 있도록 도와주세요."

내 상황을 잘 알고 있던 지인은 내 간절한 부탁을 쉽게 거절하지 못했다. 며칠이 지나도 연락이 없어 거의 포기하고 있던 차에 드디어 답이 왔다. 주말에 대전으로 와달라는 내용이었다.

"연락이 없어 실망하고 있었는데, 정말 감사합니다."

그분에게는 있고, 나에게는 없는 무언가가 무엇일지 궁금증이 커져갔다.

며칠 후, 대전에서 그분을 직접 만나게 되었다. 그분은 유아 놀이 분야에서 활동하며, 프랜차이즈 공부방에서 사용하는 운영 매뉴얼을 직접 제작한 전문가였다.

"안녕하세요. 만나 뵙게 되어 반갑습니다."

그분은 생각보다 젊고 깔끔한 이미지를 가진 미혼의 여성분이었다. 세련되고 당당한 모습에 약간 위축되기도 했다. 분위기 좋은 커피숍에서 이야기를 나누며, 그분은 자신이 해온 일들과 공부방 운영에 대한 경험을 들려주었다. 나 역시 내가 고민하고 있는 문제들에 대해 질문하며 많은 이야기를 나눴지만, 오랜 시간이 지나서인지 구체적인 대화 내용은 흐릿해졌다. 다만 그때의 인상 깊었던 순간들은 여전히 기억에 남는다.

"어떻게 하면 100명 넘는 아이들을 가르치면서 공부방 운영까지 해낼 수 있나요?"

내 물음에 그녀는 간결하게 답했다.

"저는 공부방을 운영하면서 모든 것을 매뉴얼로 만들고 있어요."

"매뉴얼이요?"

그 답은 내가 기대했던 것과 달랐다. 마치 "책으로 수영을 배웠다", "책으로 육아를 배웠다" 같은 대답처럼 느껴졌다.

그녀는 덧붙였다.

"홍보, 수업, 세무 등 모든 과정이 매뉴얼화되어 있어요. 혹시 공부방 창업을 준비하시면서 관련된 책은 읽어보셨나요?"

"공부방 관련된 책이요?"

생각지도 못했던 질문에 당황한 나는 마치 뒤통수를 맞은 듯한 느낌이었다. 그녀는 미소 지으며 말했다.

"저는 공부방 창업 전에 학원이나 공부방 관련된 책을 찾아 읽으며 꼼꼼히 준비했어요."

공부방을 창업하기 전에 그분은 공부방 창업 관련 책 10여 권을 구입해 약 6개월간 철저히 준비했다고 한다. 그분에게는 있고 나에게는 없었던 것이 바로 준비였다.

"교재 회사에 가맹해서 교재 설명이나 교육을 받고 있어요."

창피한 마음에 나도 모르게 뱉어낸 말이 나를 더욱더 부끄럽게 만들었다.

"아, 그런 것 말고요. 실제로 공부방을 운영하면서 '이럴 땐 어떻게 해야 하지?'라고 고민될 때 참고할 수 있는 매뉴얼 같은 건 없나요?"

그제야 깨달았다. 나는 실제 운영과 관련된 매뉴얼뿐만 아니라 어떠한 준비도 하지 않았다는 것을. 단순히 공부방을 열면 잘될 것이라는 막연한 생각만으로 아무런 준비 없이 시작했지만, 같은 일을 하는 누군가는 끊임없이 공부하고 있었다는 사실이 부끄럽게 다가왔다.

그분은 몇 권의 책을 추천해주었다. 집으로 돌아오는 기차 안에서 그녀가 추천한 책들을 모두 구매하며, 공부방 운영 매뉴얼 준비가 드디어 시작되었다.

그분은 또 한 가지 중요한 이야기를 들려주었다.

"끝까지 버티는 사람이 성공하는 거예요. 제가 다른 분들과 다른 점은 2년을 버텼다는 거예요."

그랬다. 포기하지 않고 끝까지 버티는 것, 그것이 성공의 길이었다.

시간이 지나면서 그분의 이름도 얼굴도 희미해졌지만, 그때 해주셨던 두 가지 조언은 내게 여전히 소중한 멘토링으로 남아 있다. 바로 철저한 준비와 끈기였다.

3. 운영의 정석, 매뉴얼의 마스터를 만나다

오전 10시쯤, 약속된 학원에 도착했다. 여러 차례 부탁 끝에 어렵게 만남을 허락받은 원장님을 만나러 가는 자리였다. 도시마다 분위기가 다르지만, 200여 명의 원생이 등록된 학원이 있을 법한 위치는 아닌 듯했다. 2017년 당시 학원을 방문했을 때 주변에는 논과 밭이 펼쳐져 있었고, 몇 개의 아파트 단지를 끼고 있는 작은 상가에 학원이 자리하고 있었다.

'정말 이런 곳에 200명이 넘는 원생들이 다닌다고?' 살짝 의문이 들었다.

"원장님이 굉장히 꼼꼼하고 예민하신 분이라 실례가 될 만한 질문은 피하시는 게 좋을 것 같아요."

호기심을 참지 못하는 성격이라는 걸 잘 아는 지인이 조심스럽게 당부했다. 그 지인은 예전에 대전의 공부방 원장님을 소개해주셨던 분이었다.

약속 시간보다 조금 일찍 도착한 덕에 원장님은 아직 학원에 계시지 않았다. 그 사이 지인은 걸려온 전화를 받기 위해 잠시 자리를 비웠고, 혼자 학원 앞에서 기다렸다.

그때 저 멀리서 운동복 차림에 슬리퍼를 신은 한 여성분이 천천히 학원을 향해 다가오고 있었다.

'설마 저분이 원장님일까?'

그분은 학원의 비밀번호를 누르며 문을 열었다.

'아, 이분이구나.'

그 순간, '아무리 주말이라도 학원에 나오시는데 이렇게 편안한 차림으로 나오는 건 아닌 것 같은데'라는 생각이 들어 잠시 의아함이 스쳤다.

그분은 내 시선을 느끼셨는지 미소를 띠며 물으셨다.

"혹시 ○○○ 님과 부산에서 오신 분이신가요?"

"네, 안녕하세요. 안은선입니다. 이야기 많이 들었습니다."

"좋게 이야기하지는 않으셨겠죠? 제가 좀 깐깐하다는 말씀은 안 하셨나요?"

눈도 마주치지 않은 채 성큼성큼 학원 안으로 들어가셨다.

"좀 앉아 계세요. 더워서 에어컨 좀 켜고 올게요. 제가 낯을 많이 가려서요."

그분의 단호한 말투와 남다른 분위기에 아무 말도 하지 못했다. 밖에 나가 있는 지인이 얼른 돌아오기만을 기다렸다.

원장님은 상담실로 들어간 후 쉽게 나오지 않으셨고, 그때 두 명의 학부모님이 학원으로 들어오셨다. 인기척을 느낀 원장님이 나오셔서 학부모님께 인사하며 말했다.

"어머님들, 안으로 들어오세요."

학부모님들을 상담실로 안내하며 나에게 말씀하셨다.

"선생님, 조금만 기다려주세요. 상담하고 나올게요."

내 대답을 기다리지도 않은 채 서둘러 상담실로 들어가셨다.

'이중으로 약속을 잡으신 건가?'라는 생각이 들며 실망감이 커졌다. 게다가 학부모님과 상담을 하시는데 이런 편안한 차림이라니, 내가 잘못 찾아온 건 아닐까 하는 생각에 기운이 빠졌다.

그때 전화를 받으러 나갔던 지인이 돌아왔다. 잠깐 사이에 있었던 일을 이야기하니 지인은 웃으며 말했다.

"원장님이 워낙 예민하고 자기 일에는 최고라고 생각하시는 분이세요. 너무 오해하지 마세요."

학부모님들과의 상담이 끝난 후, 우리는 비로소 학원을 둘러볼 수 있었다. 총 5개의 교실과 원장실로 이루어진 학원은 겉보기에는 특별히 다른 학원과 다를 바 없어 보였다.

원장님이 말했다.

"○○○ 님이 여러 번 부탁하셔서 만났지만, 이런 만남은 저에게 조금 부담스러워요. 이해해주세요."

나는 서둘러 사과했다.

"죄송합니다. 이제 막 공부방을 시작하다 보니 궁금한 점이 많아서 어려운 부탁을 드리게 됐습니다."

원장님은 20살에 대학에 들어가면서부터 과외를 시작했고, 졸업과 동시에 학원을 창업해 현재 30년째 운영 중이라고 하셨다. 학원은 주 5회 수업으로 운영되며, 5명의 선생님이 각자 5개 반을 맡아 학습을 진행한다고 설명해주셨다. 다른 학원과 차별화된 점은 강사들의 월급이 일반 학원의 1.5배 정도로 높게 책정되어 있다는 것과, 강사가 담임을 맡기 전에 6개월 동안 철저한 훈련을 받는다는 점이었다. 덕분에 강사의 이직률은 거의 제로에 가깝다고 했다. 특히 강사 월급이 높은 이유를 듣고는 놀라움을 감출 수 없었다.

학원은 1년 동안의 커리큘럼이 철저히 준비되어 있었으며, 분기, 월, 주, 심지어 일 단위로 일정이 세분화되어 있었다. 모든 강사는 이 일정에 따라 수업을 진행해야 하며, 이를 지키지 못하면 경고를 받는다. 경고가 누적되면 계약이 종료될 수도 있다고 했다.

원장님은 주 5회 수업 중 불시에 주 1회 직접 수업에 들어가 강사들이 커리큘럼대로 잘 수업을 진행하고 있는지 확인한다고 했다. 이렇게 해서 아이들은 일주일에 한 번 원장님과 함께 수업을 진행하게 된다.

"와, 강사분들은 힘드실 것 같고, 부모님들은 만족하실 것 같아요."

"맞아요. 강사들에게는 빡빡하다고 느껴질 수 있지만, 나중에 훌륭한 자산이 된다는 걸 잘 알고 계세요."

원장님은 덧붙여 말씀하셨다.

"저와 함께했던 강사들 중에서 '원장님처럼 운영하기는 힘들어서 학원 운영을 포기했어요'라는 말을 자주 들어요. 가끔 주변 원장님들이 '우리 학원 강사가 그만두고 근처에 학원을 차렸다'라고 하소연하시는데, 그 이야기를 들으면 '얼마나 만만하게 보였으면 그랬을까' 하는 생각이 들어서 위로가 잘 나오지 않더라고요. 내 주변에 감히 학원을 차릴 수 없을 만큼, 열심히 운영해야 한다고 생각합니다."

내 주변에 학원을 차릴 수 없도록 열심히 운영해라, 이 말은 내 마음에 깊이 새겨졌다.

"실례인 줄 알지만, 선생님들의 커리큘럼과 일정표를 보여주실 수 있을까요?"

원장님이 보여주신 자료는 단순한 스케줄표가 아니었다. 매주, 매일 상세히 짜여 있는 지도안이었다.

"이걸 누가 만드신 건가요?"

"제가 몇 년 동안 직접 짜고, 운영하며 보완해서 완성한 겁니다."

원장님의 열정과 노력에 감탄이 절로 나왔다. 모든 것이 매뉴얼화되어 있었다. 강사가 개인 사정으로 자리를 비워도 누구나 대신 수업을 진행할 수 있을 정도로 체계적으로 세분화되어 있었다. 심지어 학원 차량 운영에 관한 설명서까지 매뉴얼로 정리되어 있었다. 그야말로 완벽에 가까운 시스템이었다.

공부방을 시작한 초창기, 나는 두 명의 멘토를 만나 큰 가르침을 받았다.

'운영 매뉴얼을 철저히 준비하고 끝까지 버티기, 그리고 감히 내 주변에 학원을 차릴 수 없을 정도로 열심히 하기'라는 마음가짐으로 이후 9년을 보낼 수 있었다.

그 후 두 멘토를 다시 찾아뵙고 싶었지만, 두 분 모두 만남을 정중히 거절하셔서 뵙지 못했다. 아쉽기도 했고, 그동안 큰 도움을 주신 것에 대해 감사하다는 인사를 전하지 못한 점이 마음에 남아 죄송한 마음이 크다.

4. 개인과외 교습(공부방), 교습소 및 학원 설립 절차

개인과외 교습(공부방), 교습소, 학원의 차이점은 주로 **규모, 운영 방식, 법적 기준** 등에 따라 구분된다.

각각의 특징 및 장점

(1) 개인과외 교습(공부방)

① 특징
- 규모: 개인과외 교습은 주로 1:1 또는 소규모(친구, 형제자매 등)의 수업 형태로 진행
- 운영 방식: 가정에서 운영하거나 학생의 집을 방문하여 수업
- 장소: 별도의 독립된 공간(상가 등)을 이용하지 않고, 가정집 등 비

상업적 공간에서 이루어짐

- 법적 기준

  - 강사는 해당 과목과 관련된 학위나 자격증이 있어야 함

  - 교육청 등록이 필수

  - 운영자는 사업자등록증과 세무 신고가 필요

② 장점

- 학부모와 학생의 요청에 따라 유연한 커리큘럼 운영이 가능
- 개별 맞춤형 지도가 가능

(2) 교습소

① 특징

- 규모: 1인 또는 소규모로 운영되며, 1명의 강사가 수업을 진행
- 운영 방식: 1인 교습자가 중심이 되어 일정 수의 학생을 대상으로 수업
- 장소: 주로 상가나 별도의 독립된 공간에서 운영
- 법적 기준

  - 교육청 등록이 필수

  - 등록을 위해 일정한 자격(학위 또는 교사 자격증 등)을 갖추어야 하며, 공간은 안전 기준(소방시설 등)을 충족해야 함

- 운영자는 사업자등록증과 세무 신고가 필요

② 장점

- 비교적 간단한 절차로 독립된 공간에서 운영 가능하며, 규모가 크지 않아 관리가 용이
- 개인 브랜드를 활용한 맞춤형 수업을 제공할 수 있음

(3) 학원

① 특징

- 규모: 다수의 강사와 학생을 대상으로 운영되며, 규모가 큼
- 운영 방식: 여러 과목과 다양한 커리큘럼을 제공하며, 주로 단체 수업 형태
- 장소: 상가 등 대규모의 독립된 상업 공간에서 운영
- 법적 기준
  - 교육청 등록이 필수이며, 자격요건(학위, 교사 자격증 등)과 함께 공간에 대한 엄격한 안전 기준을 충족해야 함
  - 사업자등록증 및 세무 신고가 필수
  - 강사의 채용 및 관리가 이루어지며, 직원 복리후생 등도 포함

② 장점

- 체계적인 시스템과 다양한 과목을 제공할 수 있어 학생 모집에 유리
- 규모가 크기 때문에 수익성을 높일 가능성이 큼

개인과외 교습(공부방) 설립

개인과외 교습은 주로 1:1 또는 소규모 학습자를 대상으로 가르치는 형태로 공부방 형태는 가정 내에서 소규모로 운영하는 경우가 많다.

개인과외 교습이란 초등학교·중학교·고등학교 또는 이에 준하는 학교의 학생이나 학교 입학 또는 학력 인정에 관한 검정을 위한 시험 준비생에게 지식·기술·예능을 교습하는 행위를 말한다.

(「학원의 설립·운영 및 과외교습에 관한 법률」 제2조 제4호 본문)

(1) 설립 요건

- 시설 요건
  - 별도 시설이 아닌 가정 내에서도 가능
  - 주거 공간 내에서 소음과 안전 문제가 없도록 해야 함

- 운영자 요건: 교육청 등록 시 결격사유(범죄 이력 등)가 없어야 함

(2) 제출 서류

- 개인과외 교습 신청서(교육지원청 비치)
- 최종 졸업증명서
- 자격증 사본(해당자의 경우에 한함)
- 사진(3×4) 2매
- 건축물대장 등본(교습 장소가 공동주택일 때는 불필요)
- 신분증

(3) 절차

- 신고 준비: 필요 서류 준비
- 교육청 신고: 관할 교육청 또는 지역 교육지원청에 신고
- 등록 완료: 신고 완료 후 활동 시작

(4) 개인과외 교습(공부방) 설립 방법

① 개인과외 교습 신고 등

ⓐ 개인과외 교습 신고

개인과외 교습을 하려는 사람은 개인과외 교습자 신고서에 개인과외 교습자의 인적 사항, 교습과목, 교습비 등, 교습 장소 등을 적어서 다음의 서류(행정정보의 공동 이용을 통해 확인할 수 있는 경우 생략 가능)를 첨부하여 교육감에게 제출해야 한다.

(「학원의 설립·운영 및 과외교습에 관한 법률 시행령」 제16조의 2 제1항, 규제 「학원의 설립·운영 및 과외교습에 관한 법률 시행규칙」 제14조의 2 및 별지 제22호 서식)

- 개인과외 교습자의 주민등록증 등 공공기관이 발행한 신분증으로서 본인 확인이 가능한 신분증 사본
- 최종학력증명서
- 자격증 사본(해당자만 제출)

개인과외 교습자의 교습 장소가 그 주거지인 경우 개인과외 교습자를 1명만 신고할 수 있으나, 같은 등록기준지 내의 친족인 경우에는 추가로 신고할 수 있다.

(「학원의 설립·운영 및 과외교습에 관한 법률」 제14조의2제11항)

거짓이나 그 밖의 부정한 방법으로 개인과외 교습자 신고를 한 경우

1년 이내의 범위에서 과외교습 중지 명령을 받는다.

(「학원의 설립·운영 및 과외교습에 관한 법률」 제17조 제3항 제1호)

※ 대학생의 개인과외 교습 신고 예외

대학생은 신고 예외 대상에 해당된다. 즉, 규제 「고등교육법」 제2조 및 개별 법률에 따라 설립된 대학(대학원 포함) 및 이에 준하는 학교에 재적(在籍) 중인 학생(휴학생 제외)이 교습하는 경우에는 개인과외 교습 신고를 하지 않고 개인과외 교습을 할 수 있다.

(「학원의 설립·운영 및 과외교습에 관한 법률」 제14조의2제1항 단서)

ⓑ 개인과외 교습의 변경 신고

개인과외 교습 신고를 한 후 인적 사항, 교습과목, 교습비 등, 교습 장소 등의 변경 사유가 발생한 경우 사유가 발생한 날부터 15일 이내에 개인과외 교습자 변경신고서와 다음의 서류를 첨부하여 교육감에게 제출해야 한다.

(「학원의 설립·운영 및 과외교습에 관한 법률 시행령」 제16조의2 제2항, 「학원의 설립·운영 및 과외교습에 관한 법률 시행규칙」 제14조의4 제1항 및 별지 제22호의5 서식)

- 개인과외 교습자 신고증명서
- 변경 사항을 증명할 수 있는 서류

개인과외 교습자 신고를 한 사람이 신고한 사항에 관하여 변경 신고를 하지 않고 이를 변경하는 등 부정한 방법으로 과외교습을 한 경우 1년 이내의 범위에서 과외교습 중지 명령을 받을 수 있다.

(「학원의 설립·운영 및 과외교습에 관한 법률」 제17조 제3항 제2호)

※ 교원의 개인과외 교습 금지

「초·중등교육법」 제2조, 규제 「고등교육법」 제2조, 그 밖의 법률에 따라 설립된 학교에 소속된 교원은 과외교습을 하여서는 안 된다.

(「학원의 설립·운영 및 과외교습에 관한 법률」 제3조)

이를 위반하면 1년 이하의 금고 또는 1천만 원 이하의 벌금에 처한다.

(「학원의 설립·운영 및 과외교습에 관한 법률」 제22조 제2항)

② 사업자등록

ⓐ 사업자등록 신청

개인과외 교습자는 사업자로서 사업개시일부터 20일 이내에 사업장 관할 세무서장에게 사업자등록을 신청해야 한다.

(「소득세법」 제168조 제1항 본문 및 「부가가치세법」 제8조 제1항)

ⓑ 사업자등록 신청 절차 및 구비서류

사업자등록을 신청하려는 사람은 사업자등록 신청서를 작성해야 한다.

(「부가가치세법 시행규칙」 별지 제4호서식)

- 사업자의 인적 사항
- 사업자등록 신청 사유
- 사업개시 연월일 또는 사업장 설치 착수 연월일 및
- 그 밖의 참고 사항 등을 기재

주소지 관할 세무서장이나 그 밖에 신청인의 편의에 따라 선택한 세무서장에게 제출(국세 정보통신망에 따른 제출 포함)해야 한다.

(「부가가치세법 시행령」 제11조 제1항 및 「부가가치세법 시행규칙」 제9조 제1항 제1호)

사업자등록 신청서에는 다음의 서류를 첨부해야 한다.

(「부가가치세법 시행령」 제11조 제3항, 제4항, 「부가가치세법 시행규칙」 제9조 제2항 및 제3항)

	구분	첨부서류
1	법령에 따라 허가를 받거나 등록 또는 신고를 하여야 하는 사업의 경우	사업허가증 사본, 사업자등록증 사본 또는 신고 확인증 사본
2	사업장을 임차한 경우	임대차계약서 사본
3	상가건물의 일부분만 임차한 경우	해당 부분의 도면
4	사업자 단위로 등록하려는 사업자	사업자 단위 과세 적용 사업장 외의 사업장에 대한 각종 서류 및 '사업자 단위 과세 사업자의 종된 사업장 명세서' • 개인사업자용: 「부가가치세법시행규칙」별지 제4호 서식 부표2 • 법인사업자용: 「부가가치세법시행규칙」별지 제4호 서식 부표3

※ 사업자등록 신청 시에 확정일자를 받으려는 경우에는 관할 세무서장에게 확정일자 신청서(「상가건물 임대차계약서상의 확정일자 부여 및 임대차 정보제공에 관한 규칙」 별지 제1호서식)를 작성하여 제출해야 하며, 임대차의 목적이 상가건물의 일부분인 경우 확정일자 신청서와 함께 그 부분의 도면을 제출해야 한다.

(「상가건물 임대차계약서상의 확정일자 부여 및 임대차 정보제공에 관한 규칙」 제2조 제1항)

ⓒ 사업자등록증 발급

사업자등록의 신청을 받은 사업장 관할 세무서장은 사업자의 인적사항과 그 밖에 필요한 사항을 적은 사업자등록증을 신청일부터 2일 이내(토요일, 일요일, 공휴일, 대체공휴일 또는 근로자의 날은 산정에서 제외. 이하 같음)에 신청자에게 발급해야 한다. 다만, 사업장시설이나 사업 현황을 확인하기 위해 국세청장이 필요하다고 인정하는 경우에는 발급기한을 5일 이내에서 연장하고 조사한 사실에 따라 사업자등록증을 발급할 수 있다.

(「부가가치세법 시행령」 제11조 제5항 및 「국세기본법」 제5조 제1항)

※ 사업자등록 신청 절차 및 첨부서류에 관한 자세한 사항은 국세청 홈페이지에서 확인 가능

③ 교습비 등 징수

ⓐ '교습비 등'이란?

교습비 등이란 학습자가 개인과외 교습자에 교습이나 학습 장소 이용의 대가로 납부하는 수강료·이용료 또는 교습료 등과 그 외에 추가로 납부하는 모든 경비를 말한다.

(「학원의 설립·운영 및 과외교습에 관한 법률」 제2조 제6호)

ⓑ 영수증 교부

개인과외 교습자는 교습비 등을 받고 각호의 어느 하나에 해당하는 영수증을 발급해야 한다.

(「학원의 설립·운영 및 과외교습에 관한 법률」 제15조 제1항 및 규제 「학원의 설립·운영 및 과외교습에 관한 법률 시행규칙」 제15조 제2항)

- 「학원의 설립·운영 및 과외교습에 관한 법률 시행규칙」 별지 제 24호서식에 따라 작성한 것
- 신용카드·직불카드·선불카드의 매출전표 또는 영수증이나 현금 영수증에 학습자 성명, 교습과목 및 교습 기간을 모두 작성한 것

ⓒ 교습비 등 게시

개인과외 교습자는 교습 내용과 교습 시간 등을 고려해서 교습비를 정하고, 그 밖의 경비는 실비로 정해야 한다.

(「학원의 설립·운영 및 과외교습에 관한 법률」 제15조 제2항)

개인과외 교습자는 시·도의 교육 규칙으로 정하는 바에 따라 교습비 등과 그 반환에 관한 사항을 학습자가 보기 쉬운 장소에 게시해야 하며, 학습자를 모집할 목적으로 인쇄물·인터넷 등을 통해서 광고를 하는 경우에는 다음의 사항을 표시해야 한다.

(「학원의 설립·운영 및 과외교습에 관한 법률」 제15조 제3항 전단 및 「학원의 설립·운영 및 과외교습에 관한 법률 시행령」 제16조의3)

- 교습비 등
- 신고증명서의 신고 번호
- 교습 과정 또는 교습과목

학습자 또는 학부모의 요구가 있을 때는 게시 또는 표시된 교습비 등의 명세를 서면으로 고지해야 한다.

(「학원의 설립·운영 및 과외교습에 관한 법률」 제15조 제3항 후단,「학원의 설립·운영 및 과외교습에 관한 법률 시행규칙」 제15조 제3항 및 별지 제24호의2 서식)

개인과외 교습자는 교습비 등을 거짓으로 표시·게시·고지하거나 표시·게시·고지한 교습비 등 또는 교육감에게 등록·신고한 교습비 등을 초과한 금액을 징수해서는 안 된다.

(「학원의 설립·운영 및 과외교습에 관한 법률」 제15조 제4항)

※ 교습비 등의 조정 명령

교육감은 개인과외 교습자의 교습비 등이 과다하다고 인정되면 교습비 등의 조정을 명할 수 있다.

(「학원의 설립·운영 및 과외교습에 관한 법률」 제15조 제6항)

교육감의 교습비 등 조정 명령을 위반한 경우 그 등록이 말소되거나 1년 이내의 교습 과정의 전부 또는 일부에 대한 교습 정지명령을 받을 수 있다.

(「학원의 설립·운영 및 과외교습에 관한 법률」 제17조 제1항 제8호)

ⓓ 교습비 등 반환

개인과외 교습자는 학습자가 수강을 계속할 수 없는 경우 또는 학원의 등록말소, 교습소 폐지 등으로 교습을 계속할 수 없는 경우 학습자로부터 받은 교습비 등을 반환 사유 발생일부터 5일 이내에 반환해야 한다.

(「학원의 설립·운영 및 과외교습에 관한 법률」 제18조 제1항 및 「학원의 설립·운영 및 과외교습에 관한 법률 시행령」 제18조 제3항)

교습비 등 반환 사유 및 반환 기준은 다음과 같다.

(「학원의 설립·운영 및 과외교습에 관한 법률 시행령」 제18조 제2항·제3항 및 별표 4)

구분		반환 사유 발생일	반환 금액
개인과외 교습자가 교습할 수 없거나 교습 장소를 제공할 수 없게 된 경우		교습을 할 수 없거나 교습 장소를 제공할 수 없게 된 날	이미 납부한 교습비 등을 일할(日割) 계산한 금액
학습자가 본인의 의사로 수강 또는 학습 장소 사용을 포기한 경우	교습 기간이 1개월 이내인 경우	교습 시작 전	이미 납부한 교습비 등의 전액
		총 교습 시간의 1/3 경과 전	이미 납부한 교습비 등의 2/3에 해당하는 금액
		총 교습 시간의 1/2 경과 전	이미 납부한 교습비 등의 1/2에 해당하는 금액
		총 교습 시간의 1/2 경과 후	반환하지 않음
	교습 기간이 1개월을 초과하는 경우	교습 시작 전	이미 납부한 교습비 등의 전액
		교습 시작 후	반환 사유가 발생한 해당 월의 반환 대상 교습비 등(교습 기간이 1개월 이내인 경우의 기준에 따라 산출한 금액을 말한다)과 나머지 월의 교습비 등의 전액을 합산한 금액

※ 총 교습 시간은 교습 기간 중의 총 교습 시간을 말하며, 반환 금액의 산정은 반환 사유가 발생한 날까지 경과된 교습 시간을 기준으로 함

※ 원격교습의 경우 반환 금액은 교습 내용을 실제 수강한 부분(인터넷으로 수강하거나 학습기기로 저장한 것을 말함)에 해당하는 금액을 뺀 금액으로 함

ⓒ 위반 시 제재

개인과외 교습자가 교습비 등을 거짓으로 표시·게시·고지하거나 표시·게시·고지한 교습비 등 또는 교육감에게 신고한 교습비 등을 초과한 금액을 징수하면 1년 이내의 과외교습 중지 명령을 받을 수 있다.

「학원의 설립·운영 및 과외교습에 관한 법률」 제17조 제3항 제3호)

교습비 등과 그 반환에 관한 사항을 표시·게시·고지하지 않거나

교습비 등을 거짓으로 표시·게시·고지하면 300만 원 이하의 과태료가 부과된다.

(「학원의 설립·운영 및 과외교습에 관한 법률」 제23조 제1항 제7호)

개인과외 교습자가 교습비 등을 거짓으로 표시·게시·고지하거나 표시·게시·고지한 교습비 등 또는 교육감에게 신고한 교습비 등을 초과한 금액을 징수하면 300만 원 이하의 과태료가 부과된다.

(「학원의 설립·운영 및 과외교습에 관한 법률」 제23조 제1항 제7호의2)

교습비 등을 반환해야 함에도 반환하지 않으면 300만 원 이하의 과태료가 부과된다.

(「학원의 설립·운영 및 과외교습에 관한 법률」 제23조 제1항 제10호)

④ 개인과외 교습자의 의무

ⓐ 신고증명서 게시 의무

개인과외 교습자는 교습 장소가 개인과외 교습자의 주거지인 경우 신고증명서를 교습 장소에 게시해야 하고, 교습 장소가 학습자의 주거지인 경우 학습자 또는 그 학부모가 요청하면 신고증명서를 제시해야 한다.

(「학원의 설립·운영 및 과외교습에 관한 법률」 제14조의2 제5항)

개인과외 교습 신고증명서를 게시 또는 제시하지 않으면 300만 원 이하의 과태료가 부과된다.

(「학원의 설립·운영 및 과외교습에 관한 법률」 제23조 제1항 제4호)

ⓑ 표지부착 의무

개인과외 교습자가 그 주거지에서 과외교습을 하는 경우 교습 장소 외부에 개인과외 교습을 하는 장소임을 알 수 있는 표지를 붙여야 한다.

(「학원의 설립·운영 및 과외교습에 관한 법률」 제14조의2 제10항)

교습 장소 외부에 개인과외 교습을 하는 장소임을 알 수 있는 표지를 붙이지 않으면 300만 원 이하의 과태료가 부과된다.

(「학원의 설립·운영 및 과외교습에 관한 법률」 제23조 제1항 제6호의3)

ⓒ 과외교습을 하지 않는 경우 통보 의무

개인과외 교습자가 과외교습을 하지 않으면 그 사실을 교육감에게 통보해야 한다.

(「학원의 설립·운영 및 과외교습에 관한 법률」 제14조의2 제7항)

다만 개인과외 교습자가 과외교습 중지 처분을 받은 기간과 그 처분을 위한 절차가 진행 중인 기간에는 통보할 수 없다.

(「학원의 설립·운영 및 과외교습에 관한 법률」 제14조의2 제12항 및 제17조 제3항)

ⓓ 장부 및 서류 비치

개인과외 교습자는 「학원의 설립·운영 및 과외교습에 관한 법률 시행규칙」 별표 2에 따른 장부 및 서류를 갖추어두고 기록·유지하여야 한다.

(「학원의 설립·운영 및 과외교습에 관한 법률」 제15조의3 및 「학원의 설립·운영 및 과외교습에 관한 법률 시행규칙」 제16조)

이를 위반하여 장부 또는 서류를 비치·관리하지 않으면 300만 원 이하의 과태료가 부과된다.

(「학원의 설립·운영 및 과외교습에 관한 법률」 제23조 제1항 제7호의4)

ⓔ 아동학대 금지

개인과외 교습자는 학습자에 대하여 규제 「아동복지법」 제3조 제7호에 따른 아동학대 행위를 하여서는 안 된다.

(「학원의 설립·운영 및 과외교습에 관한 법률」 제17조 제2항 제6호)

교육감은 아동학대 행위가 확인된 교습자에게 그 교습소의 폐지를 명하거나 6개월 이내의 기간을 정하여 교습의 정지를 명할 수 있다.

(「학원의 설립·운영 및 과외교습에 관한 법률」 제17조 제2항 본문)

교습소 설립

교습소는 학원과 달리 소규모로 운영되며, 한정된 공간에서 특정 교과목을 가르치는 기관이다.

(1) 설립 요건

- 운영자 요건: 학원과 동일하게 교육청의 결격사유에 해당하지 않아야 함

(2) 제출 서류

- 신청서(교육지원청 비치)
- 교습소 위치도
- 교습자의 자격을 증명하는 서류(졸업증명서 등)
- 신분증
- 건축물대장 등본(교육지원청 확인사항)
- 전세 또는 임대차계약서 사본 1부(원본 제시)
- 시설 평면도
- 사진(3×4) 2매
- 성범죄경력조회동의서

(3) 절차

- 신청 준비: 시설 준비 및 서류 작성

- 교육청 신고: 관할 교육청에 서류 제출
- 현장 점검: 교육청에서 시설 확인
- 등록 완료: 심사 통과 후 교습소 등록증 발급
- 운영 시작: 등록증 비치 후 운영

(4) 교습소 설립·운영 방법

① 입지 및 시설 기준

ⓐ 교습소의 용도지역

교습소는 전용주거지역, 보전녹지지역, 자연환경보전지역에 설치가 허용되지 않으며, 그 밖의 용도지역에서는 해당 교습소의 연면적과 용도지역에 따라 설치 가능 여부가 결정된다.

（「국토의 계획 및 이용에 관한 법률」 제76조 제1항 및 규제「국토의 계획 및 이용에 관한 법률 시행령」 제71조 제1항）

ⓑ 건축물의 용도 확인

교습소는 건축법령에 따른 건축물 용도에 적합한 곳에 설치해야 한다. 교습소로 사용할 수 있는 건축물은 동일한 건축물에서 해당 용도에 쓰이는 바닥면적의 합계가 500㎡ 미만인 제2종 근린생활시설(교습소)이어야 한다.

(「건축법 시행령」 제3조의5 및 별표 1 참조)

용도별 건축물의 종류가 교습소를 설치·운영하기에 부적합한 경우에는 특별자치시장·특별자치도지사 또는 시장·군수·구청장(자치구의 구청장을 말함)으로부터 건축물 용도 변경의 허가를 받거나 용도 변경 신고를 하여 교습소를 설치·운영할 수 있다.

ⓒ 교습소의 장소 등

교습소의 장소·시설·설비 및 학습자의 수는 다음과 같다.

(「학원의 설립·운영 및 과외교습에 관한 법률 시행령」 제16조)

- 교습소에서 같은 시간에 교습받는 인원은 9명(피아노 교습의 경우에는 5명) 이하일 것
- 교습소 강의실의 1제곱미터당 수용인원은 0.3명 이하일 것

교습소는 교습자 1명이 한 장소에서 1과목만을 교습하여야 한다.

(「학원의 설립·운영 및 과외교습에 관한 법률」 제14조 제7항)

ⓓ 교습소 시설의 관리

교습자는 교습소의 교육환경과 위생시설을 깨끗하게 유지·관리해야 한다.

(「학원의 설립·운영 및 과외교습에 관한 법률」 제5조 제1항)

ⓔ 교육환경 정화

교습자는 교육환경을 해칠 우려가 있는 영업소(이하 '유해업소'라 한다)와 동일한 건축물 안에서 교습소를 설립·운영해서는 안 된다.

(「학원의 설립·운영 및 과외교습에 관한 법률」 제5조 제2항)

※ 유해업소의 종류

유해업소의 종류는 「교육환경 보호에 관한 법률」 제9조 각호의 어느 하나에 해당하는 행위를 하거나 시설(「게임산업진흥에 관한 법률」 제2조 제7호에 따른 인터넷컴퓨터 게임시설 제공업을 하는 영업소 및 같은 조 제8호에 따른 복합유통게임제공업 중 인터넷컴퓨터 게임시설 제공업과 규제 「식품위생법」 제36조 제1항 제3호의 식품접객업 가운데 음식류를 조리·판매하면서 음주행위가 허용되지 아니하는 영업 중 대통령령으로 정하는 영업을 동일한 장소에서 함께 영위하는 영업소에 한정하여 제외)을 갖춘 영업소를 말한다.

(「학원의 설립·운영 및 과외교습에 관한 법률」 제5조 제4항 및 「학원의 설립·운영 및 과외교습에 관한 법률 시행령」 제4조의2)

다만, 연면적 1,650제곱미터 이상의 건축물에 대해서는 ① 학원이 유해업소로부터 수평거리 20미터 이내의 같은 층에 있는 경우 또는 ② 학원이 유해업소로부터 수평거리 6미터 이내의 바로 위층 또는 바로 아래층에 있는 경우를 제외하고는 위 규정이 적용되지 않는다.

(「학원의 설립·운영 및 과외교습에 관한 법률」 제5조 제5항)

학교 교과교습학원이나 교습소와 동일한 건축물 안에 유해업소를 설치하는 경우 그 영업에 관하여 허가·인가 등을 하는 행정기관의 장은 미리 관할 교육감과 협의하여야 하며, 이 경우 교육감은 협의에 앞서 미리 「교육환경 보호에 관한 법률」 제5조 제8항에 따른 지역교육환경 보호 위원회의 심의를 거쳐야 한다.

(「학원의 설립·운영 및 과외교습에 관한 법률」 제5조 제3항 및 「학원의 설립·운영 및 과외교습에 관한 법률 시행령」 제4조)

② 교습소의 명칭

교습소의 명칭은 고유 명칭 다음에 교습과목과 '교습소'를 붙여 표시해야 한다.

(「학원의 설립·운영 및 과외교습에 관한 법률」 제15조의2 제2항)

※ 예시

새솔논술 교습소, 엠베스트 교습소, 자용한문 교습소 등. 이미 상표로 등록된 학원의 명칭은 사용할 수 없다.

※ 등록된 상표권 명칭 조회 방법

특허정보검색서비스(http://www.kipris.or.kr)의 '상표' 검색란에서 조회할 수 있다.

위의 표시 방법을 위반하여 명칭 표시를 한 교습소는 교습소 폐지 명령을 받거나 6개월 이내의 기간을 정해 교습이 정지되는 명령을 받을 수 있다.

(「학원의 설립·운영 및 과외교습에 관한 법률」 제17조 제2항 제4호의2)

③ 교습소의 설립·운영 신고

교습소를 설립·운영하려는 사람은 교육장에게 신고해야 한다.

(「학원의 설립·운영 및 과외교습에 관한 법률」 제14조 제1항)

교습소의 폐지 처분을 받은 사람은 그 처분을 받은 날부터 1년 이내, 교습소의 교습 정지 처분을 받은 사람은 그 정지 기간이 지나지 않은 경우에 그 폐지 처분을 받을 당시 교습하던 교습과목을 교습하는 교습소를 신고할 수 없다.

(「학원의 설립·운영 및 과외교습에 관한 법률」 제14조 제10항 및 규제 「학원의 설립·운영 및 과외교습에 관한 법률 시행규칙」 제11조 제4항)

ⓐ 교습소의 신고

교습소의 설립·운영 신고를 하려는 사람은 다음의 서류를 교육장에게 제출해야 한다.

(「학원의 설립·운영 및 과외교습에 관한 법률」 제14조 제1항,「학원의 설립·운영 및 과외교습에 관한 법률 시행령」 제13조 제1항, 「학원의 설립·운영 및 과외교습에 관한 법률 시행규칙」 제11조 제1항 및 제2항)

- 교습소 설립·운영 신고서

(「학원의 설립·운영 및 과외교습에 관한 법률 시행규칙」 별지 제16호서식)

- 교습자의 자격을 증명하는 서류

- 교습자의 주민등록증 등 공공기관이 발행한 신분증으로서 본인 확인이 가능한 신분증 사본
- 교습소의 시설 평면도
- 교습 장소로 사용할 시설의 사용권을 증명할 수 있는 서류

ⓑ 등록면허세 납부

교습소 설립·운영에 대한 면허를 받는 자는 그 면허증서(교습소 신고 필증)를 받기 전에 등록면허세를 납부해야 한다.

(「지방세법」 제24조 제2호, 제35조 제1항 본문, 「지방세법 시행령」 제39조 및 별표1 제5종 제12호)

등록면허세를 납부하지 않으면 그 면허가 취소 또는 정지될 수 있다.

(「지방세법」 제39조 제1항)

ⓒ 위반 시 제재

거짓이나 그 밖의 부정한 방법으로 교습소의 설립·운영 신고를 한 경우 그 교습소의 폐지 명령을 받을 수 있다.

(「학원의 설립·운영 및 과외교습에 관한 법률」 제17조 제2항 제1호)

교습소의 설립·운영 신고를 하지 않고 교습소를 설립·운영하거나, 거짓이나 그 밖의 부정한 방법으로 신고하고 교습소를 설립·운영하면 1년 이하의 징역 또는 1천만 원 이하의 벌금에 처한다.

(「학원의 설립·운영 및 과외교습에 관한 법률」 제22조 제1항 제3호)

ⓓ 교습소의 변경 신고

신고한 사항 중 교습자의 인적 사항, 교습소의 명칭 및 위치, 교습과목, 교습비 등을 변경하려는 경우에는 변경 신고를 해야 한다.

(「학원의 설립·운영 및 과외교습에 관한 법률」 제14조 제1항 후단 및 「학원의 설립·운영 및 과외교습에 관한 법률 시행령」 제14조)

변경 신고하려는 사람은 다음의 서류를 교육장에게 제출해야 한다.

(「학원의 설립·운영 및 과외교습에 관한 법률 시행령」 제14조 및 「학원의 설립·운영 및 과외교습에 관한 법률 시행규칙」 제13조 제1항)

- 교습소 변경신고서

(「학원의 설립·운영 및 과외교습에 관한 법률 시행규칙」 별지 제19호서식)

- 교습소 시설 평면도
- 교습 장소로 사용할 시설의 사용권을 증명할 수 있는 서류

※ 위반 시 제재

교습소 설립·운영 신고 사항에 관하여 변경 신고를 하지 않고 변경하는 등 부정한 방법으로 교습소를 운영한 경우 그 교습소의 폐지 명령을 받거나 6개월 이내의 교습 정지명령을 받을 수 있다.

(「학원의 설립·운영 및 과외교습에 관한 법률」 제17조 제2항 제2호)

신고를 하지 않고 교습소를 설립·운영하거나 교습소 폐지 처분을 받은 경우, 또는 교습의 정지 처분을 받은 교습자가 계속하여 교습하거나 학습 장소를 제공하는 경우에는 그 교습소를 폐쇄하거나 교습

등을 중지시키기 위한 다음의 조치를 받을 수 있다.

(「학원의 설립·운영 및 과외교습에 관한 법률」 제19조 제1항 및 제2항)

- 해당 교습소의 간판 또는 그 밖의 표지물을 제거하거나 학습자의 출입을 제한하기 위한 시설물의 설치
- 해당 교습소가 등록 또는 신고를 하지 않은 시설이거나 행정처분을 받은 시설임을 알리는 게시문의 부착

간판이나 그 밖의 표지물의 제거 또는 시설물의 설치를 거부·방해 또는 기피하거나 게시문을 허락받지 않고 제거하거나 못쓰게 하면 200만 원 이하의 벌금에 처한다.

(「학원의 설립·운영 및 과외교습에 관한 법률」 제22조 제3항)

④ 교습소 사업자등록

ⓐ 사업자등록 신청

교습소 설립·운영자는 사업자로서 사업개시일부터 20일 이내에 사업장 관할 세무서장에게 사업자등록을 신청해야 한다.

(「소득세법」 제168조 제1항 본문 및 「부가가치세법」 제8조 제1항)

개인인 경우 「소득세법」, 법인인 경우 「법인세법」에 따른 사업자등록을 하여야 하나, 「부가가치세법」에 따라 사업자등록을 하는 경우 「소득세법」 또는 「법인세법」에 따른 사업자등록을 한 것으로 보게 되므

로, 별도로 「소득세법」 또는 「법인세법」에 따른 사업자등록은 하지 않아도 된다.

(「소득세법」 제168조 제2항 및 「법인세법」 제111조 제2항)

ⓑ 사업자등록 신청 절차 및 구비서류

사업자등록을 신청하려는 사람은 사업자등록 신청서(「부가가치세법 시행규칙」 별지 제4호서식)에 다음 내용을 작성한다.

- 사업자의 인적 사항
- 사업자등록 신청 사유
- 사업개시 연월일 또는 사업장 설치 착수 연월일 및
- 그 밖의 참고 사항 등을 기재

작성한 사업자등록 신청서를 주소지 관할 세무서장이나 그 밖에 신청인의 편의에 따라 선택한 세무서장에게 제출(국세 정보통신망에 따른 제출 포함)해야 한다.

(「부가가치세법 시행령」 제11조 제1항 및 「부가가치세법 시행규칙」 제9조 제1항 제1호)

사업자등록 신청서에는 다음의 서류를 첨부해야 한다.

(「부가가치세법 시행령」 제11조 제3항, 제4항, 「부가가치세법 시행규칙」 제9조 제2항 및 제3항)

구분		첨부서류
1	법령에 따라 허가를 받거나 등록 또는 신고를 하여야 하는 사업의 경우	사업허가증 사본, 사업자등록증 사본 또는 신고 확인증 사본
2	사업장을 임차한 경우	임대차계약서 사본
3	상가건물의 일부분만 임차한 경우	해당 부분의 도면
4	사업자 단위로 등록하려는 사업자	사업자 단위 과세 적용사업장 외의 사업장에 대한 각종 서류 및 '사업자 단위 과세 사업자의 종된 사업장 명세서' • 개인사업자용: 「부가가치세법시행규칙」 별지 제4호서식 부표 2 • 법인사업자용: 「부가가치세법시행규칙」 별지 제4호서식 부표 3

※ 사업자등록 신청 시에 확정일자를 받으려는 경우에는 관할 세무서장에게 확정일자 신청서(「상가건물 임대차계약서상의 확정일자 부여 및 임대차 정보제공에 관한 규칙」 별지 제1호서식)를 작성하여 제출해야 하며, 임대차의 목적이 상가건물의 일부분인 경우 확정일자 신청서와 함께 그 부분의 도면을 제출해야 한다.

(「상가건물 임대차계약서상의 확정일자 부여 및 임대차 정보제공에 관한 규칙」 제2조 제1항)

ⓒ 사업자등록증 발급

사업자등록의 신청을 받은 사업장 관할 세무서장은 사업자의 인적사항과 그 밖에 필요한 사항을 적은 사업자등록증을 신청일부터 2일 이내(토요일, 일요일, 공휴일, 대체공휴일 또는 근로자의 날은 산정에서 제외.

이하 같음)에 신청자에게 발급해야 한다. 다만, 사업장시설이나 사업 현황을 확인하기 위해 국세청장이 필요하다고 인정하는 경우에는 발급 기한을 5일 이내에서 연장하고 조사한 사실에 따라 사업자등록증을 발급할 수 있다.

「부가가치세법 시행령」 제11조 제5항 및 「국세기본법」 제5조 제1항)

⑤ 교습자의 자격 기준

ⓐ 교습자의 자격 등
교습자의 자격 기준은 다음과 같다.

(「학원의 설립·운영 및 과외교습에 관한 법률 시행령」 제12조 제2항, 제15조 제1항 및 별표 3)

자격 기준
① 「초·중등교육법」 제21조에 따른 교원의 자격이 있는 사람
② 전문대학 졸업자 또는 이와 같은 수준 이상의 학력이 있는 사람
③ 「국가기술자격법」에 따라 교습과목과 같은 종목의 기술사·기능장·기사 및 산업기사의 자격을 취득한 사람
④ 「국가기술자격법」에 따라 교습과목과 같은 종목의 기능사 자격을 취득한 후 3년 이상의 실무경력이 있는 사람
⑤ 「자격기본법」이나 그 밖의 다른 법령에 따라 면허증 또는 자격증 등을 취득한 사람으로서 제3호 또는 제4호에 상응한다고 교육감이 인정하는 사람
⑥ 고등학교 졸업자 또는 이와 같은 수준 이상의 학력이 있는 사람으로서 교습하려는 부문에 2년 이상 전임(專任)으로 교습한 경력이 있는 사람
⑦ 국가 또는 지방자치단체 등 공공기관이 주관하거나 후원하는 전국 규모의 각종 기능경기대회에서 교습하려는 부문에 입상한 실적이 있는 사람
⑧ 중요무형문화재 보유자(시·도 무형문화재 보유자를 포함한다) 등 기능 또는 예능 보유자로서 교육감이 인정하는 사람
⑨ 대학 졸업 이상의 학력이 있는 외국인으로서 「출입국관리법」 제10조 및 같은 법 시행령 제12조에 따른 해당 체류자격이 있거나 같은 법 제20조 및 같은 법 시행령 제25조에 따라 해당 교습활동에 관한 체류자격 외 활동허가를 받은 사람

교습소에는 강사를 둘 수 없다. 다만, 교습자가 출산 또는 질병 등의 사유로 직접 교습할 수 없는 경우에는 교육감이 정하는 바에 따라 임시교습자를 둘 수 있다.

(「학원의 설립·운영 및 과외교습에 관한 법률 시행령」 제15조 제2항)

교습소에는 학습자에 대한 편의 제공을 위하여 보조요원 1명을 둘 수 있다.

(「학원의 설립·운영 및 과외교습에 관한 법률 시행령」 제15조 제3항)

ⓑ 아동·청소년 관련 기관 등에의 취업제한 등

아동·청소년 대상 성범죄 또는 성인 대상 성범죄(이하 '성범죄'라 함)로 형 또는 치료감호를 선고받아 확정된 사람은 그 형 또는 치료감호의 전부 또는 일부의 집행을 종료하거나 집행이 유예·면제된 날부터 일정 기간 아동·청소년을 대상으로 하는 교습소의 운영, 해당 교습소에의 취업 또는 사실상의 노무 제공을 제한받을 수 있다.

(「아동·청소년의 성 보호에 관한 법률」 제56조 제1항 제3호)

⑥ 교습비 등 징수

ⓐ '교습비 등'이란?

교습비 등이란 학습자가 교습소를 설립·운영하는 자에게 교습이나 학습 장소 이용의 대가로 납부하는 수강료·이용료 또는 교습료 등과 그 외에 추가로 납부하는 모든 경비를 말한다.

(「학원의 설립·운영 및 과외교습에 관한 법률」제2조 제6호)

ⓑ 영수증 교부

교습자는 교습비 등을 받고 각호의 어느 하나에 해당하는 영수증을 발급해야 한다.

(「학원의 설립·운영 및 과외교습에 관한 법률」제15조 제1항 및 규제 「학원의 설립·운영 및 과외교습에 관한 법률 시행규칙」제15조 제2항)

- 「학원의 설립·운영 및 과외교습에 관한 법률 시행규칙」별지 제24호 서식에 따라 작성한 것
- 신용카드·직불카드·선불카드의 매출전표 또는 영수증이나 현금영수증에 학습자 성명, 교습과목 및 교습 기간을 모두 작성한 것

ⓒ 교습비 등 게시

교습자는 교습 내용과 교습 시간 등을 고려해서 교습비를 정하고, 그 밖의 경비는 실비로 정해야 한다.

(「학원의 설립·운영 및 과외교습에 관한 법률」제15조 제2항)

교습자는 시·도의 교육 규칙으로 정하는 바에 따라 교습비 등과 그 반환에 관한 사항을 학습자가 보기 쉬운 장소에 게시해야 하며, 학습자를 모집할 목적으로 인쇄물·인터넷 등을 통해서 광고하는 경우에는 다음의 사항을 표시해야 한다.

(「학원의 설립·운영 및 과외교습에 관한 법률」제15조 제3항 전단 및 「학원의 설립·운영 및

과외교습에 관한 법률 시행령」제16조의3)

- 교습비 등
- 신고증명서의 신고 번호
- 교습소 명칭
- 교습 과정 또는 교습과목

　학습자 또는 학부모의 요구가 있을 때는 게시 또는 표시된 교습비 등의 명세를 서면으로 고지해야 한다.

　(「학원의 설립·운영 및 과외교습에 관한 법률」제15조 제3항 후단, 「학원의 설립·운영 및 과외교습에 관한 법률 시행규칙」제15조 제3항 및 별지 제24호의2 서식)

　교습자는 교습비 등을 거짓으로 표시·게시·고지하거나 표시·게시·고지한 교습비 등 또는 교육감에게 등록·신고한 교습비 등을 초과한 금액을 징수해서는 안 된다.

　(「학원의 설립·운영 및 과외교습에 관한 법률」제15조 제4항)

※ 교습비 등의 조정 명령

　교육감은 교습소의 교습비 등이 과다하다고 인정되면 교습비 등의 조정을 명할 수 있다.

　(「학원의 설립·운영 및 과외교습에 관한 법률」제15조 제6항)

　교육감의 교습비 등 조정 명령을 위반한 경우 그 등록이 말소되거나 1년 이내의 교습 과정의 전부 또는 일부에 대한 교습 정지명령을 받을 수 있다.

(「학원의 설립·운영 및 과외교습에 관한 법률」 제17조 제1항 제8호)

ⓓ 교습비 등 반환

교습자는 학습자가 수강을 계속할 수 없는 경우 또는 학원의 등록 말소, 교습소 폐지 등으로 교습을 계속할 수 없는 경우 학습자로부터 받은 교습비 등을 반환 사유 발생일부터 5일 이내에 반환해야 한다.

(「학원의 설립·운영 및 과외교습에 관한 법률」 제18조 제1항 및 「학원의 설립·운영 및 과외교습에 관한 법률 시행령」 제18조 제3항)

교습비 등 반환 사유 및 반환 기준은 다음과 같다.

(「학원의 설립·운영 및 과외교습에 관한 법률 시행령」 제18조 제2항·제3항 및 별표 4)

구분			반환 사유 발생일	반환 금액	
교습자가 학원으로부터 격리된 경우			학습자가 학원으로부터 격리된 날	이미 납부한 교습비 등 - (이미 납부한 교습비 등을 일할 계산한 금액 × 교습 시작일 또는 학습 장소 제공 시작일부터 학원으로부터 격리된 날의 전날까지의 일수)	
교습소가 폐지된 경우 또는 교습의 정지명령을 받은 경우			학원 설립·운영자, 교습자 또는 개인과외 교습자가 교습을 할 수 없거나 학습 장소를 제공할 수 없게 된 날	이미 납부한 교습비 등 - (이미 납부한 교습비 등을 일할계산한 금액 × 교습 시작일 또는 학습 장소 제공 시작일부터 교습을 할 수 없거나 학습 장소를 제공할 수 없게 된 날의 전날까지의 일수)	
교습자가 교습을 할 수 없거나 학습 장소를 제공할 수 없게 된 경우					
학습자가 본인의 의사로 수강 또는 학습 장소 사용을 포기한 경우	교습 기간 또는 학습 장소 사용 기간이 1개월 이내인 경우	독서실을 제외한 학원, 교습소 및 개인과외 교습자의 경우	학습자가 본인의 의사로 수강을 포기한 날	교습 시작 전	이미 납부한 교습비 등의 전액
				교습 시작 후부터 총 교습 시간의 1/3 경과 전까지	이미 납부한 교습비 등의 2/3에 해당하는 금액
				총 교습 시간의 1/3 경과 후부터 1/2 경과 전까지	이미 납부한 교습비 등의 1/2에 해당하는 금액
				총 교습 시간의 1/2 경과 후	없음
		독서실의 경우	학습자가 본인의 의사로 학습 장소 사용을 포기한 날	학습 장소 사용 전	이미 납부한 교습비 등의 전액
				학습 장소 사용 후	이미 납부한 교습비 등 - (법 제15조 제3항 전단에 따라 게시된 1일 교습비 등 × 학습 장소 사용 시작일부터 학습 장소 사용을 포기한 날의 전날까지의 일수)
	교습 기간 또는 학습 장소 사용 기간이 1개월을 초과하는 경우		학습자가 본인의 의사로 수강 또는 학습 장소 사용을 포기한 날	교습 시작 전 또는 학습 장소 사용 전	이미 납부한 교습비 등의 전액
			교습 시작 후 또는 학습 장소 사용 후	반환 사유가 발생한 해당 월의 반환 대상 교습비 등(교습 기간 또는 학습 장소 사용 기간이 1개월 이내인 경우의 기준에 따라 산출한 금액을 말한다)에 나머지 월의 교습비 등의 전액을 합산한 금액	

※ 총 교습 시간은 교습 기간 중의 총 교습 시간을 말하며, 반환 금액의 산정은 반환 사유가 발생한 날까지 경과된 교습 시간을 기준으로 한다.
※ 원격교습의 경우 반환 금액은 교습 내용을 실제 수강한 부분(인터넷으로 수강하거나 학습기기로 저장한 것을 말함)에 해당하는 금액을 뺀 금액으로 한다.

ⓔ 위반 시 제재

교습자가 교습비 등을 거짓으로 표시·게시·고지하거나, 표시·게시·고지한 교습비 등 또는 교육감에게 신고한 교습비 등을 초과한 금액을 징수하는 경우에는 그 등록이 말소되거나 1년 이내의 교습 과정의 전부 또는 일부에 대한 교습 정지명령을 받을 수 있다.

(「학원의 설립·운영 및 과외교습에 관한 법률」제17조 제1항 제7호)

교습비 등과 그 반환에 관한 사항을 표시·게시·고지하지 않거나 교습비 등을 거짓으로 표시·게시 고지하면 300만 원 이하의 과태료가 부과된다.

(「학원의 설립·운영 및 과외교습에 관한 법률」제23조 제1항 제7호)

교습자가 표시·게시·고지한 교습비 등 또는 교육감에게 신고한 교습비 등을 초과한 금액을 징수하면 300만 원 이하의 과태료가 부과된다.

(「학원의 설립·운영 및 과외교습에 관한 법률」제23조 제1항 제7호의2)

교습비 등을 반환해야 함에도 반환하지 않으면 300만 원 이하의 과태료가 부과된다.

(「학원의 설립·운영 및 과외교습에 관한 법률」제23조 제1항 제10호)

⑦ 교습자의 의무

ⓐ 보험·공제사업 가입

교습자는 시도의 조례로 정하는 바에 따라 교습소의 운영과 관련하여 교습소의 수강생에게 발생한 생명·신체상의 손해를 배상할 것을 내용으로 하는 보험 가입 및 공제사업에 가입하는 등 필요한 안전조치를 취해야 한다.

(「학원의 설립·운영 및 과외교습에 관한 법률」 제4조 제3항)

※ 교습소의 보험 가입 또는 공제사업에의 가입 등에 대해서는 각 시도의 조례로 정하고 있다.

※ 위반 시 제재

교습자가 보험 가입 및 공제사업에 가입하는 등 필요한 안전조치를 취하지 않으면 300만 원 이하의 과태료가 부과된다.

(「학원의 설립·운영 및 과외교습에 관한 법률」 제23조 제1항 제1호)

ⓑ 교습자의 연수 의무

교육감은 교습자가 갖추어야 할 사회교육 담당자로서 자질을 향상하기 위하여 필요하면 이들의 연수에 관한 계획을 수립·시행할 수 있다.

(「학원의 설립·운영 및 과외교습에 관한 법률」 제15조의4 전단)

ⓒ 장부 및 서류 비치

교습자는 「학원의 설립·운영 및 과외교습에 관한 법률 시행규칙」 별표 2에 따른 장부 및 서류를 갖추어두고 기록·유지하여야 한다.

(「학원의 설립·운영 및 과외교습에 관한 법률」 제15조의3 및 「학원의 설립·운영 및 과외교습에 관한 법률 시행규칙」 제16조)

이를 위반하여 장부 또는 서류를 비치·관리하지 않으면 300만 원 이하의 과태료가 부과된다.

(「학원의 설립·운영 및 과외교습에 관한 법률」 제23조 제1항 제7호의4)

ⓓ 아동학대 금지

교습자는 학습자에 대하여 규제 「아동복지법」 제3조 제7호에 따른 아동학대 행위를 하여서는 안 된다.

(「학원의 설립·운영 및 과외교습에 관한 법률」 제17조 제2항 제6호 본문)

교육감은 아동학대 행위가 확인된 교습자에게 그 교습소의 폐지를 명하거나 6개월 이내의 기간을 정하여 교습의 정지를 명할 수 있다.

(「학원의 설립·운영 및 과외교습에 관한 법률」 제17조 제2항 본문)

다만, 교습자가 아동학대 행위를 방지하기 위하여 상당한 주의와 감독을 게을리하지 아니한 경우는 제외한다.

(「학원의 설립·운영 및 과외교습에 관한 법률」 제17조 제2항 제6호 단서)

⑧ 교습소의 휴소 및 폐소

ⓐ 교습소의 휴소 및 폐소 신고

교습자는 교습소를 폐소하거나 1개월 이상 휴소하려면 교습소 휴소·폐소 신고서를 작성하여 지체 없이 교육장에게 제출해야 한다.

(「학원의 설립·운영 및 과외교습에 관한 법률」 제14조 제9항, 「학원의 설립·운영 및 과외교습에 관한 법률 시행규칙」 제14조 제1항 및 별지 제20호서식)

다만 교습자가 교습소 폐지 또는 교습 정지 처분을 받은 기간과 그 처분을 위한 절차가 진행 중인 기간에는 폐소 신고를 할 수 없다.

(「학원의 설립·운영 및 과외교습에 관한 법률」 제14조 제13항 및 제17조 제2항)

ⓑ 사업자등록에 대한 휴원 및 폐원 신고 등

교습소를 휴소 또는 폐소 신고를 하려는 사람이 사업자등록에 대해서도 휴업 또는 폐업 신고를 같이하려는 경우에는 교습소 휴소·폐소 신고서에 휴업(폐업)신고서도 함께 제출해야 한다.

(「학원의 설립·운영 및 과외교습에 관한 법률 시행규칙」 제14조 제2항 전단 및 「부가가치세법 시행규칙」 별지 제9호서식)

관할 세무서장에게 휴업(폐업)신고서와 함께 교습소 휴소·폐소 신고서를 제출한 경우에는 관할 세무서장이 이를 관할 교육장에게 송부하고, 이 경우 교습소 휴소·폐소 신고서가 제출된 것으로 본다.

(「학원의 설립·운영 및 과외교습에 관한 법률 시행규칙」 제14조 제3항)

※ 위반 시 제재

교습소의 휴소 및 폐소 신고를 하지 않으면 300만 원 이하의 과태료가 부과된다.

(「학원의 설립·운영 및 과외교습에 관한 법률」 제23조 제1항 제2호)

학원 설립

학원은 주로 다수의 학습자를 대상으로 한 체계적인 교육을 제공하는 기관으로, 법적 요건과 시설 기준을 충족해야 한다.

(1) '학원'이란?

학원이란 같은 시간에 교습을 받거나 학습 장소로 이용할 수 있는 10명(「장애인 등에 대한 특수교육법」 제15조 제1항에 해당하는 장애가 있는 사람을 대상으로 하는 경우에는 1명) 이상의 학습자 또는 불특정 다수의 학습자에게 30일 이상의 교습 과정(교습 과정의 반복으로 교습일 수가 30일 이상이 되는 경우 포함)에 따라 지식 · 기술(기능 포함) · 예능을 교습(상급학교 진학에 필요한 컨설팅 등 지도를 하는 경우와 정보통신기술 등을 활용하여 원격으로 교습하는 경우 포함) 하거나 30일 이상 학습 장소로 제공되는 시설을 말한다.

　(「학원의 설립 · 운영 및 과외교습에 관한 법률」 제2조 제1호 본문 및 「학원의 설립 · 운영 및 과외교습에 관한 법률 시행령」 제2조 제2항)

(2) 설립 요건

- 시설 요건
  - 건물의 용도는 '제2종 근린생활시설(학원)'로 등록되어야 함
  - 강의실, 사무실, 화장실 등 필수 시설을 구비해야 함
- 운영자 요건: 교육청에서 정한 학원 운영 결격사유(범죄 이력, 성범죄 등)에 해당하지 않아야 함
- 소방안전 기준: 소방시설 점검 완료 및 안전 기준 충족

(3) 제출 서류

- 신청서(교육지원청 비치)
- 원칙(교육지원청 비치)
- 전세 또는 임대차계약서 사본 1부(원본제시)
- 시설평면도, 위치도(약도)
- 신분증
- 성범죄경력조회동의서(법인인 경우: 등록이사 전원)
- 건축물대장등본(교육지원청 확인사항)
- 소방설비완비증명(해당 학원)
- 설립자가 법인인 경우
  - 정관 1부, 이사회 또는 총회 회의록, 이사 명단

- 법인등기부등본(교육지원청 확인사항)

(4) 절차

- 준비 단계: 시설 준비 및 서류 작성
- 교육청 신고: 관할 교육청에 서류 제출
- 현장 점검: 교육청 담당자의 시설 및 서류 확인
- 등록 완료: 심사 통과 후 등록증 발급
- 운영 시작: 등록증을 비치하고 운영 시작

(5) 유의사항

- 소음, 안전, 화재 예방 등 지역사회 환경을 고려하여 운영해야 한다.
- 배상책임보험 가입이 필수일 수 있으므로 확인이 필요하다.
- 관할 교육청의 세부 지침을 사전에 확인하여 준비해야 한다.

각 유형의 교육 형태에 따라 맞는 절차를 밟아야 하며, 등록 이후에도 정기적인 점검 및 법적 요건 준수가 필요하다.

(6) 학원 설립 방법

① 학원의 유형 및 교과과정

ⓐ 학원의 유형

학원의 종류는 아래와 같다.

(「학원의 설립·운영 및 과외교습에 관한 법률」 제2조의2 제1항)

구분	내용
학교 교과교습학원	「초·중등교육법」 제23조에 따른 학교 교육 과정을 교습하거나 다음 어느 하나의 사람을 대상으로 교습하는 학원 • 「유아교육법」 제2조 제1호에 따른 유아 • 「장애인 등에 대한 특수교육법」 제15조 제1항 각호의 어느 하나에 해당하는 장애가 있는 사람 • 「초·중등교육법」 제2조에 따른 학교의 학생. 다만, 직업교육을 목적으로 하는 직업기술 분야의 학원에서 취업을 위하여 학습하는 경우는 제외
평생직업교육학원	학교 교과교습학원 외에 평생교육이나 직업교육을 목적으로 하는 학원

※「초·중등교육법」 제23조에 따른 학교 교육 과정

학교 교육 과정 교습에 해당하는 과목은 국어, 도덕, 사회, 수학, 과학, 실과, 기술·가정, 체육, 음악, 미술, 외국어와 국가교육위원회가 필요하다고 인정하는 교과목(단, 산업수요 맞춤형 고등학교의 경우 산업계의 수요 반영을 위해 교과 편성을 이와 달리할 수 있음)

(「초·중등교육법」 제23조 제4항 및 규제「초·중등교육법 시행령」 제43조 제1항 참조)

ⓑ 학원의 종류별 교습 과정

교습 과정이란 학원에서 교습하는 교습과목의 집합을 말한다.

(「학원의 설립·운영 및 과외교습에 관한 법률 시행령」 제2조 제1항 제2호)

학원의 종류별 교습 과정은 아래와 같이 분류한다.

(「학원의 설립·운영 및 과외교습에 관한 법률」 제2조의 2 제2항, 「학원의 설립·운영 및 과외
교습에 관한 법률 시행령」 제3조의 3 제1항 및 별표 2)

분류	분야	계열	교습 과정
학교 교과 교습학원	입시·검정 및 보습	보통교과	초등학교·중학교·고등학교의 교육 과정에 속하는 교과(정보 교과, 예·체능계 및 실업계 고등학교의 전문교과 제외) 및 논술
		진학지도	진학상담·지도
	국제화	외국어	보통교과에 속하지 않는 교과로서 유아 또는 초등학교·중학교·고등학교 학생을 주된 교습 대상으로 하는 실용 외국어
	예능	예능	음악, 미술, 무용
	독서실	독서	유아 또는 초등학교·중학교·고등학교 학생을 주된 대상으로 하는 시설
	정보	정보	정보교과에 속하는 교육 활동
	특수교육	특수교육	특수학교 교육 과정에 속하는 교육 활동
	기타	기타	그 밖의 교습 과정
평생직업 교육학원	직업기술	산업기반 기술	기계, 자동차, 금속, 화공 및 세라믹, 전기, 통신, 전자, 조선, 항공, 토목, 건축, 의복, 섬유, 광업자원, 국토개발, 농림, 해양, 에너지, 환경, 공예, 교통, 안전관리, 조경
		산업응용 기술	디자인, 이용·미용, 식음료품(조리, 제과·제빵, 바리스타, 소믈리에 등), 포장, 인쇄, 사진, 피아노 조율
		산업 서비스	속기, 전산회계, 전자상거래, 직업상담, 사회조사, 컨벤션기획, 소비자전문상담, 텔레마케팅, 카지노 딜러, 도배, 미장, 세탁
		일반 서비스	애견 미용·훈련, 장의, 호스피스, 항공승무원, 병원 코디네이터, 청소
		컴퓨터	컴퓨터(정보처리, 통신기기, 인터넷, 소프트웨어 등), 게임, 로봇
		문화관광	출판, 영상, 음반, 영화, 방송, 캐릭터, 관광
		간호보조 기술	간호조무사
		경영· 사무관리	금융, 보험, 유통, 부동산, 비서, 경리, 펜글씨, 부기, 주산, 속셈, 속독, 경매
	국제화	국제	성인 대상 어학, 통역, 번역
	인문사회· 자연	인문사회· 자연	대학 편입, 행정, 경영, 회계, 통계, 성인 고시
	기예	기예	국악, 무용(전통무용, 현대무용 등), 서예, 만화, 모델, 화술, 마술(매직), 실용음악(성악), 바둑, 웅변, 공예(종이접기, 꽃꽂이, 꽃기예 등), 도예, 미술, 댄스(「체육시설의 설치·이용에 관한 법률」에 따른 무도학원업 제외), 연기(연극, 뮤지컬, 오페라 등)
	독서실	독서	학교 교과교습학원에 속하지 않는 독서실

② 학원의 입지 및 시설 기준

ⓐ 학원의 용도지역

학원은 전용주거지역, 보전녹지지역, 자연환경보전지역에 설치가 허용되지 않으며, 그 밖의 용도지역에서는 해당 학원의 연면적과 용도지역에 따라 설치 가능 여부가 결정된다.

(「국토의 계획 및 이용에 관한 법률」 제76조 제1항 및 규제「국토의 계획 및 이용에 관한 법률 시행령」 제71조 제1항)

ⓑ 건축물의 용도 확인

학원은 건축법령에 따른 건축물 용도에 적합한 곳에 설치해야 한다. 학원으로 사용할 수 있는 건축물은 동일한 건축물에서 해당 용도에 쓰이는 바닥면적의 합계가 500㎡ 미만인 경우는 제2종 근린생활시설 (학원), 500㎡ 이상인 경우는 교육 연구시설이어야 한다.

(「건축법 시행령」 제3조의5 및 별표 1 참조)

※ 용도별 건축물의 종류가 학원을 설치·운영하기에 부적합한 경우에는 특별자치시장·특별자치도지사 또는 시장·군수·구청장(자치구의 구청장을 말함)으로부터 건축물 용도 변경의 허가를 받거나 용도 변경 신고를 하여 학원을 설치·운영할 수 있다.

ⓒ 학원 시설의 관리

학원 설립·운영자는 학원의 교육환경과 위생시설을 깨끗하게 유지·관리해야 한다.

(「학원의 설립·운영 및 과외교습에 관한 법률」 제5조 제1항)

ⓓ 교육환경 정화

학교 교과교습학원을 설립·운영하는 자는 교육환경을 해칠 우려가 있는 영업소(이하 '유해업소'라 한다)와 동일한 건축물 안에서 학교 교과교습학원을 설립·운영해서는 안 된다.

(「학원의 설립·운영 및 과외교습에 관한 법률」 제5조 제2항)

※ 유해업소의 종류

유해업소의 종류는 「교육환경 보호에 관한 법률」 제9조 각호의 어느 하나에 해당하는 행위를 하거나 시설(「게임산업진흥에 관한 법률」 제2조 제7호에 따른 인터넷컴퓨터 게임시설 제공업을 하는 영업소 및 같은 조 제8호에 따른 복합유통게임제공업 중 인터넷컴퓨터 게임시설 제공업과 규제 「식품위생법」 제36조 제1항 제3호의 식품접객업 가운데 음식류를 조리·판매하면서 음주행위가 허용되지 아니하는 영업 중 대통령령으로 정하는 영업을 동일한 장소에서 함께 영위하는 영업소에 한정하여 제외)을 갖춘 영업소를 말한다.

(「학원의 설립·운영 및 과외교습에 관한 법률」 제5조 제4항 및 「학원의 설립·운영 및 과외교습에 관한 법률 시행령」 제4조의2)

다만, 연면적 1,650제곱미터 이상의 건축물에 대해서는 ① 학원이

유해업소로부터 수평거리 20미터 이내의 같은 층에 있는 경우 또는
② 학원이 유해업소로부터 수평거리 6미터 이내의 바로 위층 또는 바로 아래층에 있는 경우를 제외하고는 위 규정이 적용되지 않는다.

(「학원의 설립·운영 및 과외교습에 관한 법률」 제5조 제5항)

학교 교과교습학원이나 교습소와 동일한 건축물 안에 유해업소를 설치하는 경우 그 영업에 관하여 허가·인가 등을 하는 행정기관의 장은 미리 관할 교육감과 협의하여야 하며, 이 경우 교육감은 협의에 앞서 미리 「교육환경 보호에 관한 법률」 제5조 제8항에 따른 지역교육환경 보호 위원회의 심의를 거쳐야 한다.

(「학원의 설립·운영 및 과외교습에 관한 법률」 제5조 제3항 및 「학원의 설립·운영 및 과외교습에 관한 법률 시행령」 제4조)

ⓒ 시설 기준

학원은 교습 과정별로 시·도의 조례로 정하는 단위 시설별 기준에 따라 교습과 학습에 필요한 시설과 설비를 갖추고 유지해야 한다. 다만, 학원의 소방시설은 소방 관계 법령으로 정하는 바에 따른다.

(「학원의 설립·운영 및 과외교습에 관한 법률」 제8조)

학원의 시설 기준(규제 「학원의 설립·운영 및 과외교습에 관한 법률」 제8조)에 미달하게 된 경우 그 등록이 말소되거나 1년 이내의 교습 과정의 전부 또는 일부에 대한 교습 정지명령을 받을 수 있다.

(「학원의 설립·운영 및 과외교습에 관한 법률」 제17조 제1항 제3호)

ⓕ 숙박시설을 갖춘 학교 교과교습학원

숙박시설을 갖춘 학교 교과교습학원의 시설 기준은 다음과 같다.

(「학원의 설립·운영 및 과외교습에 관한 법률」 제6조 제2항 및 규제「학원의 설립·운영 및 과외교습에 관한 법률 시행령」 제5조의2 제1항)

- 「학원의 설립·운영 및 과외교습에 관한 법률 시행령」 별표 2 학원의 교습 과정 중 학교 교과교습학원의 보통교과 계열에 속하는 교습 과정을 운영하는 학원이어야 한다.
- 유치원, 초등학교, 중학교 및 고등학교 또는 이에 준하는 학교에 재학하는 학생에 대하여 시도의 조례로 정하는 교습 제한 기준을 충족해야 한다.
- 숙박시설을 학원의 시설로 하고, 학원과 같은 건물이나 학원 건물로부터 300미터 이내에 설치하며, 학원 수강생만 이용할 수 있도록 해야 한다.
- 숙박시설에 급식시설과 수강생의 안전 및 보건·위생에 적합한 환경과 시설·설비 등을 갖추어야 한다.
- 숙박시설에 영양사와 강사 자격 기준을 갖춘 생활지도 담당 인력을 배치해야 한다.
- 숙박시설의 위치, 환경기준, 시설·설비 기준, 영양사 및 생활지도 담당 인력 배치 기준 등에 관한 사항은 시도 조례에 따른다.

(「학원의 설립·운영 및 과외교습에 관한 법률 시행령」 제5조의2 제2항)

숙박시설을 갖춘 학교 교과교습학원이 그 등록 요건인 시설 기준에 미달하게 된 경우 그 등록이 말소되거나 1년 이내의 교습 과정의 전부 또는 일부에 대한 교습 정지명령을 받을 수 있다.

(「학원의 설립·운영 및 과외교습에 관한 법률」 제17조 제1항 제2호)

③ 학원의 명칭

ⓐ 학원의 명칭

학원의 명칭은 고유 명칭 다음에 '학원'을 붙여 표시한다.

(「학원의 설립·운영 및 과외교습에 관한 법률」 제15조의2 제1항)

- 학원 명칭 뒤에 학습 과정 명기를 생략할 수 있다.
  - 예: 부산 보습학원 또는 부산학원, 예음 음악학원 또는 예음학원
- 외부 간판 외의 외부 창 및 차량 등에도 등록된 명칭을 사용해야 한다.
- 대외적으로 광고(팸플릿 및 광고지)하는 경우에도 등록된 명칭을 사용해야 한다.
- 이미 상표로 등록된 학원의 명칭은 사용할 수 없다. 예를 들어 스토리 수학학원, 네 꿈을 이루는 수학학원, 과외하는 수학학원 등은 사용할 수 없다.

※ 등록된 상표권 명칭 조회 방법

특허정보검색서비스(http://www.kipris.or.kr)의 '상표' 검색란에서 조회할 수 있다.

위의 표시 방법을 위반하여 명칭 표시를 한 학원은 그 등록을 말소하거나 1년 이내의 기간을 정해 교습 과정의 전부 또는 일부에 대한 교습이 정지되는 명령을 받을 수 있다.

(「학원의 설립·운영 및 과외교습에 관한 법률」 제17조 제1항 제8호의2)

ⓑ 학원 광고물의 표시 방법

학원 광고물은 원칙적으로 한글맞춤법, 국어의 로마자 표기법 및 외래어 표기법 등에 맞추어 한글로 표시하여야 하며, 외국 문자로 표시할 경우에는 특별한 사유가 없으면 한글과 병행하여 표기하여야 한다.

(「옥외광고물 등의 관리와 옥외광고 산업 진흥에 관한 법률 시행령」 제12조 제2항)

- 영어 대문자 이니셜(initial)을 학원 명칭에 사용(한글과 동일하게 취급)
  - 예: 지앤비 학원(G&B 학원), 에이비씨 외국어학원(ABC 외국어학원) 등
- 한글로 풀어서 사용
  - 예: 에이플러스 보습학원, 헤럴드 어학원 등
- 한글과 함께 뒤에 괄호 속에 넣어서 사용
  - 예: 리더스(leaders) 보습학원 등

- 한글 명칭 중간에 영문자를 넣어서 사용

   - 예: 고려이스쿨 보습학원(고려e스쿨 보습학원), 21세기 학원, 21씨

   학원(21C 학원)

④ 학원 설립·운영자의 자격요건

ⓐ 학원의 설립·운영의 결격사유

학원을 설립·운영하려는 사람 또는 법인은 다음의 결격사유가 없어

야 한다.

(「학원의 설립·운영 및 과외교습에 관한 법률」 제9조)

- 피성년후견인 또는 피한정후견인
- 파산선고를 받은 후 복권되지 않은 사람
- 금고 이상의 형을 선고받고 그 집행이 끝나거나 그 집행을 받지

   않기로 확정된 후 3년이 지나지 않은 사람 또는 그 집행유예 기간

   에 있는 사람
- 「학원의 설립·운영 및 과외교습에 관한 법률」을 위반하여 벌금형

   을 선고받은 후 1년이 지나지 않은 사람
- 법원의 판결에 따라 자격이 정지되거나 상실된 자
- 학원등록이 말소된 날부터 1년이 지나지 않은 자(법인의 경우 대표

   자 포함)
- 교습 정지 처분을 받은 후 그 정지 기간이 지나지 않은 자(법인의

경우 대표자 포함)

- 법인의 임원 중 위의 사항에 해당하는 사람

ⓑ 결격사유 발생에 따른 효과

학원의 설립·운영 중에 있는 사람 또는 법인에 위와 같은 결격사유
가 발생하면 학원의 등록은 효력을 잃는다. 다만, 다음의 경우는 제외
한다.

(「학원의 설립·운영 및 과외교습에 관한 법률」 제9조 제2항)

- 「학원의 설립·운영 및 과외교습에 관한 법률」을 위반하여 벌금형
  을 선고받은 후 1년이 지나지 않은 사람
- 법인의 임원으로 있는 사람에게 위와 같은 결격사유가 발생하여
  그 사유가 발생한 날부터 3개월 이내에 해당 임원을 바꾸어 선임
  하는 경우

ⓒ 아동·청소년 성범죄자에 대한 특별 규정

아동·청소년 대상 성범죄로 형 또는 치료감호를 선고받아 확정된
사람은 그 형 또는 치료감호의 전부 또는 일부의 집행을 종료하거나
집행이 유예·면제된 날부터 일정 기간 학원의 설립·운영이 제한될 수
있다.

(「아동·청소년의 성 보호에 관한 법률」 제56조 제1항 본문 및 제3호)

⑤ 학원 설립·운영의 등록

ⓐ 학원의 설립·운영 등록

학원을 설립·운영하려는 자는 교습 과정별로 시·도의 조례로 정하는 단위 시설별 기준에 따라 시설과 설비를 갖추어 교육감에게 등록해야 한다.

(「학원의 설립·운영 및 과외교습에 관한 법률」 제6조 제1항 및 제8조)

교습 과정이 이론 교습과목과 실험·실습 또는 실기 교습과목으로 구성되는 경우 이를 분리하여 학원을 설립할 수 없다.

(「학원의 설립·운영 및 과외교습에 관한 법률 시행령」 제5조 제4항)

ⓑ 학원의 등록 절차

학원의 등록 절차는 아래와 같다.

- 서류 제출(민원인) → 소방 점검 및 현지조사(교육청) → 등록 수리 (교육청) → 등록면허세 납부(민원인) → 등록면허세 납부 및 영수 증 송부(민원인) → 등록증 교부(교육청)

ⓒ 등록 신청

학원 설립·운영의 등록을 하려는 자는 다음의 서류를 교육감에게 제출해야 한다.

(「학원의 설립·운영 및 과외교습에 관한 법률 시행령」 제5조 제2항 참조 및 규제 「학원의 설

립·운영 및 과외교습에 관한 법률 시행규칙」 제3조 제2항)

- 학원 설립·운영등록 신청서

(「학원의 설립·운영 및 과외교습에 관한 법률 시행규칙」 별지 제1호서식)

- 원칙(院則)
- 학원 시설 평면도
- 정관 및 설립에 관한 이사회 회의록 사본(학원 설립자가 법인인 경우
  만 해당함)
- 교습 장소로 사용할 시설의 사용권을 증명할 수 있는 서류

ⓓ 등록 수리

교육감은 학원 설립·운영 등록 신청의 내용이 시설 기준과 교육환
경에 적합한 경우 등록을 수리해야 한다.

(「학원의 설립·운영 및 과외교습에 관한 법률 시행령」 제5조 제5항)

ⓔ 등록면허세 납부

학원의 설립에 대한 면허를 받는 자는 그 면허증서(학원 등록증)를 받
기 전에 등록면허세를 납부해야 한다.

(「지방세법」 제24조 제2호, 제35조 제1항 본문, 「지방세법 시행령」 제39조 및 별표1 제1종 제
34호·제2종 제34호·제3종 제35호·제4종 제34호)

등록면허세를 납부하지 않으면 그 면허가 취소 또는 정지될 수 있다.

(「지방세법」 제39조 제1항)

ⓕ 위반 시 제재

거짓이나 그 밖의 부정한 방법으로 학원을 설립·운영 등록을 한 경우 그 등록이 말소된다.

(「학원의 설립·운영 및 과외교습에 관한 법률」제17조 제1항 제1호)

학원 설립·운영 등록을 하지 않고 학원을 설립·운영하거나 거짓이나 그 밖의 부정한 방법으로 학원을 설립·운영하면 1년 이하의 징역 또는 1천만 원 이하의 벌금에 처한다.

(「학원의 설립·운영 및 과외교습에 관한 법률」제22조 제1항 제1호 및 제2호)

※ 등록하지 않고 학원을 설립·운영하거나 학원의 등록말소 또는 교습 정지 처분을 받은 자가 계속하여 교습하거나 학습 장소를 제공하는 경우에는 그 학원을 폐쇄하거나 교습 등을 중지시키기 위한 다음의 조치를 받을 수 있다.

(「학원의 설립·운영 및 과외교습에 관한 법률」제19조 제1항 및 제2항)

- 해당 학원의 간판이나 그 밖의 표지물을 제거하거나 학습자의 출입을 제한하기 위한 시설물의 설치
- 해당 학원이 등록하지 않은 시설이거나 행정처분을 받은 시설임을 알리는 게시문의 부착

※ 학원의 간판이나 그 밖의 표지물을 제거하거나 시설물의 설치를 거부·방해 또는 기피한 경우 또는 행정처분을 받은 시설임을 알리는

게시문을 허락받지 않고 제거하거나 못 쓰게 하면 200만 원 이하의 벌금에 처한다.

(「학원의 설립·운영 및 과외교습에 관한 법률」 제22조 제3항)

⑥ 조건부 등록

ⓐ 조건부 등록

학원의 시설과 설비 기준에 미달하는 경우 1년 이내에 시설과 설비를 갖출 것을 조건으로 조건부 등록을 할 수 있다.

(「학원의 설립·운영 및 과외교습에 관한 법률」 제7조 제1항 및 「학원의 설립·운영 및 과외교습에 관한 법률 시행령」 제6조 제2항 전단)

ⓑ 조건부 등록 신청

학원의 설립·운영의 조건부 등록을 신청하려는 사람 또는 법인은 다음의 서류를 교육감에게 제출해야 한다.

(「학원의 설립·운영 및 과외교습에 관한 법률 시행령」 제6조 제1항, 「학원의 설립·운영 및 과외 교습에 관한 법률 시행규칙」 제5조 제2항 및 제3조 제2항 제1호부터 제4호까지)

- 학원 설립·운영 조건부 등록 신청서

(「학원의 설립·운영 및 과외 교습에 관한 법률 시행규칙」 별지 제5호서식)

- 원칙(院則)
- 학원 시설 평면도

- 정관 및 설립에 관한 이사회 회의록 사본(학원 설립자가 법인인 경우만 해당)
- 시설·설비계획서

(「학원의 설립·운영 및 과외 교습에 관한 법률 시행규칙」 별지 제6호서식)

ⓒ 조건부 등록 수리

교육감은 학원 설립·운영의 조건부 등록 신청의 내용이 교육환경에 적합하고 시설 기준을 갖출 수 있다고 인정하는 경우에는 1년 이내에 시설과 설비를 갖출 것을 조건으로 하여 등록을 수리할 수 있다.

(「학원의 설립·운영 및 과외교습에 관한 법률 시행령」 제6조 제2항 전단)

이 경우 교육감은 조건부 기간 내에 시설과 설비를 갖출 수 없는 부득이한 사유가 있다고 인정하는 경우에는 6개월의 범위에서 그 기간을 연장할 수 있다.

(「학원의 설립·운영 및 과외교습에 관한 법률 시행령」 제6조 제2항 후단)

ⓓ 조건부 등록의 효과

학원 설립·운영의 조건부 등록을 받은 자는 1년의 기간 내에 시설과 설비를 갖추어 개강 예정일 10일 전까지 교육감에게 보고해야 한다.

(「학원의 설립·운영 및 과외교습에 관한 법률 시행령」 제6조 제3항)

보고를 받은 교육감은 시설과 설비의 확보 여부를 조사·확인하고 등록의 조건에 적합한 경우 학원 설립·운영 등록증명서(「학원의 설립·운영 및 과외교습에 관한 법률 시행규칙」 별지 제3호서식)를 발급해야 한다.

(「학원의 설립·운영 및 과외교습에 관한 법률 시행령」제6조 제4항 및 「학원의 설립·운영 및 과외교습에 관한 법률 시행규칙」제5조 제6항)

조건부 등록을 한 자가 정당한 사유 없이 그 기간에 시설과 설비를 갖추지 않으면 그 등록이 말소된다.

(「학원의 설립·운영 및 과외교습에 관한 법률」제7조 제2항)

⑦ 변경 등록

등록한 사항 중 교습 과정, 강사 명단, 교습비 등, 학원 설립·운영자, 학원의 위치, 시설과 설비를 변경하는 경우 등록 절차에 따라 변경 등록을 해야 한다.

(「학원의 설립·운영 및 과외교습에 관한 법률」제6조 제1항 후단 및 규제 「학원의 설립·운영 및 과외교습에 관한 법률 시행령」제7조 제1항)

※ 교습비 등이란?

교습비 등이란 학습자가 학원을 설립·운영하는 사람 또는 법인에 교습이나 학습 장소 이용의 대가로 납부하는 수강료·이용료 또는 교습료 등과 그 외에 추가로 납부하는 모든 경비를 말한다.

(「학원의 설립·운영 및 과외교습에 관한 법률」제2조 제6호)

변경 등록하려는 사람 또는 법인은 다음의 서류를 교육감에게 제출해야 한다.

(「학원의 설립·운영 및 과외교습에 관한 법률 시행령」제7조 및 「학원의 설립·운영 및 과외

교습에 관한 법률 시행규칙」 제6조 제1항·제2항)

- 학원 변경 등록 신청서
(「학원의 설립·운영 및 과외교습에 관한 법률 시행규칙」 별지 제8호서식)

- 학원의 시설 평면도(위치 또는 시설·설비를 변경하는 경우만 해당)

- 교습 장소로 사용할 시설의 사용권을 증명할 수 있는 서류(위치
를 변경하는 경우만 해당)

ⓐ 변경 사항 통보

학원 설립·운영자가 변경 등록해야 할 사항 외의 사항을 변경한 경
우에는 그 변경한 사항을 지체 없이 교육감에게 통보해야 한다.

(「학원의 설립·운영 및 과외교습에 관한 법률 시행령」 제7조 제2항)

ⓑ 위반 시 제재

학원 설립·운영자가 등록한 사항에 관하여 변경 등록을 하지 않고
변경하는 등 부정한 방법으로 학원을 운영한 경우 그 등록이 말소되
거나 1년 이내의 교습 과정의 전부 또는 일부에 대한 교습 정지명령을
받을 수 있다.

(「학원의 설립·운영 및 과외교습에 관한 법률」 제17조 제1항 제6호)

⑧ 학원의 개원 및 사업자등록

ⓐ 학원의 개원

학원 설립·운영 등록이 완료된 자는 정당한 사유 없는 한 개원 예정일부터 2개월 이내에 개원해야 한다.

(「학원의 설립·운영 및 과외교습에 관한 법률」 제17조 제1항 제4호)

ⓑ 위반 시 제재

학원 설립·운영 등록을 마치고 정당한 사유 없이 개원(開院) 예정일부터 2개월이 지날 때까지 개원하지 않은 경우 그 등록이 말소되거나 1년 이내의 교습 과정의 전부 또는 일부에 대한 교습 정지명령을 받을 수 있다.

(「학원의 설립·운영 및 과외교습에 관한 법률」 제17조 제1항 제4호)

ⓒ 사업자등록 신청

학원의 설립·운영자는 사업자로서 사업개시일부터 20일 이내에 사업장 관할 세무서장에게 사업자등록을 신청해야 한다.

(「소득세법」 제168조 제1항 본문 및 「부가가치세법」 제8조 제1항)

개인인 경우 「소득세법」, 법인인 경우 「법인세법」에 따른 사업자등록을 하여야 하나, 「부가가치세법」에 따라 사업자등록을 하는 경우 「소득세법」 또는 「법인세법」에 따른 사업자등록을 한 것으로 보게 되므로, 별도로 「소득세법」 또는 「법인세법」에 따른 사업자등록은 하지 않아도 된다.

(「소득세법」 제168조 제2항 및 「법인세법」 제111조 제2항)

ⓓ 사업자등록 신청 절차 및 구비서류

사업자등록을 신청하려는 사람은 사업자등록 신청서(「부가가치세법 시행규칙」 별지 제4호서식)에 다음 내용을 작성한다.

- 사업자의 인적 사항
- 사업자등록 신청 사유
- 사업개시 연월일 또는 사업장 설치 착수 연월일 및
- 그 밖의 참고 사항 등

작성한 사업자등록 신청서를 주소지 관할 세무서장이나 그 밖에 신청인의 편의에 따라 선택한 세무서장에게 제출(국세 정보통신망에 따른 제출 포함)해야 한다.

(「부가가치세법 시행령」 제11조 제1항 및 「부가가치세법 시행규칙」 제9조 제1항 제1호)

사업자등록 신청서에는 다음의 서류를 첨부해야 한다.

(「부가가치세법 시행령」 제11조 제3항, 제4항, 「부가가치세법 시행규칙」 제9조 제2항 및 제3항)

	구분	첨부서류
1	법령에 따라 허가를 받거나 등록 또는 신고를 하여야 하는 사업의 경우	사업허가증 사본, 사업자등록증 사본 또는 신고 확인증 사본
2	사업장을 임차한 경우	임대차계약서 사본
3	상가건물의 일부분만 임차한 경우	해당 부분의 도면
4	사업자 단위로 등록하려는 사업자	사업자 단위 과세 적용사업장 외의 사업장에 대한 각종 서류 및 '사업자 단위 과세 사업자의 종된 사업장 명세서' • 개인사업자용: 「부가가치세법시행규칙」 별지 제4호서식 부표 2 • 법인사업자용: 「부가가치세법시행규칙」 별지 제4호서식 부표 3

※ 사업자등록 신청 시에 확정일자를 받으려는 경우에는 관할 세무서장에게 확정일자 신청서(「상가건물 임대차계약서상의 확정일자 부여 및 임대차 정보제공에 관한 규칙」 별지 제1호서식)를 작성하여 제출해야 하며, 임대차의 목적이 상가건물의 일부분인 경우 확정일자 신청서와 함께 그 부분의 도면을 제출해야 한다.

(「상가건물 임대차계약서상의 확정일자 부여 및 임대차 정보제공에 관한 규칙」 제2조 제1항)

ⓔ 사업자등록증 발급

사업자등록의 신청을 받은 사업장 관할 세무서장은 사업자의 인적사항과 그 밖에 필요한 사항을 적은 사업자등록증을 신청일부터 2일이내(토요일, 일요일, 공휴일, 대체공휴일 또는 근로자의 날은 산정에서 제외.

이하 같음)에 신청자에게 발급해야 한다. 다만, 사업장시설이나 사업 현황을 확인하기 위해 국세청장이 필요하다고 인정하는 경우에는 발급 기한을 5일 이내에서 연장하고 조사한 사실에 따라 사업자등록증을 발급할 수 있다.

(「부가가치세법 시행령」 제11조 제5항 및 「국세기본법」 제5조 제1항)

⑨ 강사의 자격 및 인적 사항

ⓐ 강사의 자격 기준

학원 설립·운영자는 교습을 담당하는 강사와 학습자의 생활지도에 필요한 인원을 학습자의 학습 능률을 극대화할 수 있도록 적정하게 배치해야 한다.

(「학원의 설립·운영 및 과외교습에 관한 법률 시행령」 제12조 제1항)

학원강사의 자격 기준은 다음과 같다.

(「학원의 설립·운영 및 과외교습에 관한 법률」 제13조 제1항, 규제「학원의 설립·운영 및 과외 교습에 관한 법률 시행령」 제12조 제2항 및 별표 3)

구분	자격 기준
학교 교과 교습학원	① 「초·중등교육법」 제21조에 따른 교원의 자격이 있는 사람 ② 전문대학 졸업자 또는 이와 동등 이상의 학력이 있는 사람 ③ 교습과목과 동일한 종목의 기술사·기능장·기사 및 산업기사의 자격을 취득한 사람 ④ 교습과목과 같은 종목의 기능사 자격을 취득한 후 3년 이상의 실무경력이 있는 사람 ⑤ 법령에 따라 면허증 또는 자격증 등을 취득한 사람으로서 위 ③ 또는 ④에 상응한다고 교육감이 인정하는 사람 ⑥ 고등학교 졸업자 또는 이와 같은 수준 이상의 학력이 있는 사람으로서 교습하려는 부문에 2년 이상 전임으로 교습한 경력이 있는 사람 ⑦ 국가 또는 지방자치단체 등 공공기관이 주관하거나 후원하는 전국 규모의 각종 기능경기대회에서 교습하려는 부문에 입상한 실적이 있는 사람 ⑧ 국가무형문화재 보유자(시·도 무형문화재 보유자 포함) 등 기능 또는 예능 보유자로서 교육감이 인정하는 사람 ⑨ 외국인으로서 다음 구분의 요건을 갖춘 사람 ㉮ 국내에서 교습하는 경우 해당 교습 활동과 관련한 체류자격이 있거나 교습 활동에 관한 체류자격 외 활동 허가를 받은 사람으로서 대학 졸업 이상의 학력이 있거나 대학을 졸업한 사람과 같은 수준의 학력이 있다고 인정되는 사람 ㉯ 국내에서 원격으로 학교 교과교습학원의 국제화 분야에 해당하는 교습 과정을 교습하는 경우 해당 교습 활동과 관련한 체류자격이 있거나 교습 활동에 관한 체류자격 외 활동 허가를 받은 사람으로서 전문대학 졸업 이상의 학력이 있거나 전문대학을 졸업한 사람과 같은 수준의 학력이 있다고 인정되는 사람 ㉰ 외국에서 원격으로 학교 교과교습학원의 국제화 분야에 해당하는 교습 과정을 교습하는 경우 전문대학 졸업 이상의 학력이 있거나 전문대학을 졸업한 사람과 같은 수준의 학력이 있다고 인정되는 사람
평생직업 교육학원	① 고등학교 졸업자 또는 이와 같은 수준 이상의 학력이 있는 사람 ② 학교 교과교습학원 강사의 자격 기준 중 ③부터 ⑤까지 또는 ⑦부터 ⑨까지의 어느 하나에 해당하는 사람. 이 경우 ⑨와 관련해 '학교 교과교습학원의 국제화 분야'는 '평생직업교육학원의 국제화 분야'로 봄

ⓑ 아동·청소년 관련기관 등에의 취업제한 등

아동·청소년 대상 성범죄 또는 성인 대상 성범죄(이하 '성범죄'라 함)로 형 또는 치료감호를 선고받아 확정된 사람은 그 형 또는 치료감호의 전부 또는 일부의 집행을 종료하거나 집행이 유예·면제된 날부터 일정 기간 아동·청소년을 대상으로 하는 학원에의 취업 또는 사실상의 노무 제공을 제한받을 수 있다.

(「아동·청소년의 성 보호에 관한 법률」 제56조 제1항 제3호)

아동·청소년을 대상으로 하는 학원에서 강사 채용 시 채용대상자의 성범죄경력을 조회하여 해당 사항이 없을 때만 채용할 수 있다.

(「아동·청소년의 성 보호에 관한 법률」 제56조 제3항)

ⓒ 외국인 강사의 채용

학원 설립·운영자는 외국어 교습을 담당하게 하기 위해 외국인 강사를 채용하는 경우에는 강사가 되고자 하는 사람으로부터 다음의 서류를 제출받아 그에 대한 검증 후 채용해야 한다.

(「학원의 설립·운영 및 과외교습에 관한 법률」 제13조의2 본문, 규제 「학원의 설립·운영 및 과외교습에 관한 법률 시행령」 제12조의2 및 규제 「학원의 설립·운영 및 과외교습에 관한 법률 시행규칙」 제10조의2)

제출 서류	서류의 요건 및 검증 기준
범죄경력조회서	1. 외국인 강사의 자국 정부가 해당 외국인 강사의 자국 전(全) 지역에서의 범죄경력을 조회하여 발급한 것 2. 자국 정부 또는 자국 소재 대한민국공관의 공적 확인을 받은 것 3. 강사의 자질과 관련된 범죄경력이 없어야 함
건강진단서	대마 및 약물 검사 결과가 포함된 채용신체검사서(국제화 분야에 해당하는 교습 과정을 외국에서 원격으로 교습하는 외국인 강사를 채용하는 경우에는 국적국 또는 거주국에서 통용되는 입증자료를 말함)로서 다음의 요건을 모두 갖추어야 함 1. 채용일 기준 1개월 이내에 발급한 것 2. 마약 및 약물 검사 결과 양성반응을 보이거나 공중보건에 해를 끼칠 우려가 있어 채용 신체검사 불합격 판정을 받은 사실이 없을 것(국내에서 교습하는 외국인 강사를 채용하는 경우만 해당) 3. 교육부 장관이 법무부 장관과 협의하여 지정한 의료기관에서 발급되었을 것(국내에서 교습하는 외국인 강사를 채용하는 경우만 해당) 4. 국적국 정부, 국적국 또는 거주국 주재 대한민국공관의 공적 확인을 받았을 것(국제화 분야에 해당하는 교습 과정을 외국에서 원격으로 교습하는 외국인 강사를 채용하는 경우만 해당) 5. 다만, 채용하려는 외국인 강사가 외국에 체류 중이고 외국어 교습에 필요한 사증(査證)을 신청 중인 경우에는 입국한 후 강의 활동을 시작하기 전에 제출받아 검증해야 함
학력증명서	다음 중 어느 하나에 해당하는 서류 1. 출신대학교에서 발급한 학위증 사본 2. 출신대학교에서 발급한 학위취득증명서 3. 출신대학교에서 발급한 졸업증명서(학위 취득 사실이 기재된 것) 4. 소속 대학교에서 발급한 성적증명서로서 국적국 정부, 국내 국적국 공관, 국적국 또는 거주국 주재 대한민국공관의 공적 확인을 받은 서류(전문대학을 졸업한 사람과 같은 수준의 학력이 있다고 인정되는 사람인 경우만 해당)
여권 및 사증(査證) 사본	1. 여권: 유효할 것. 다만, 국제화 분야에 해당하는 교습 과정을 외국에서 원격으로 교습하는 외국인 강사를 채용하는 경우에는 해당 여권 사본에 대한 국적국 정부, 국적국 또는 거주국 주재 대한민국공관의 공적 확인을 받아야 함
외국인등록증 사본 또는 외국인등록 사실 증명	2. 사증과 외국인등록증(외국인등록 사실 증명으로 외국인등록증을 갈음할 수 있음): 체류자격은 외국어 회화지도 활동이 허용되는 것일 것. 다만, 채용하려는 외국인 강사가 외국에 체류 중이고 외국어 교습에 필요한 사증을 신청 중인 경우에는 입국한 후 강의 활동을 시작하기 전에 제출받아 검증해야 함 ※ 국제화 분야에 해당하는 교습 과정을 외국에서 원격으로 교습하는 외국인 강사를 채용하는 경우에는 여권, 운전면허증 등 신원을 확인할 수 있는 신분증명서 사본을 제출 - 이때 신분증명서는 관공서 또는 공공기관이 발행한 유효한 것으로서 사진이 붙어 있어 신원을 확인할 수 있어야 하고, 해당 신분증명서 사본에 대한 국적국 정부, 국적국 또는 거주국 주재 대한민국공관의 공적 확인을 받아야 함

학원 설립·운영자는 취업 활동을 할 수 있는 체류자격을 받은 외국인 중 회화지도 체류자격을 받은 사람에 대해서는 위 범죄경력조회서를 받지 않을 수 있다.

(「학원의 설립·운영 및 과외교습에 관한 법률」 제13조의2 단서)

ⓓ 강사의 인적 사항 게시

학원 설립·운영자는 강사의 연령·학력·전공과목 및 경력 등 강사의 인적 사항을 적은 학원강사 게시 표(「학원의 설립·운영 및 과외교습에 관한 법률 시행규칙」 별지 제15호서식)를 학습자가 보기 쉬운 장소에 게시해야 한다.

(「학원의 설립·운영 및 과외교습에 관한 법률」 제13조 제2항 및 「학원의 설립·운영 및 과외교습에 관한 법률 시행규칙」 제10조)

ⓔ 위반 시 제재

강사의 연령·학력·전공과목 및 경력 등에 관한 인적 사항을 게시하지 않으면 300만 원 이하의 과태료를 부과받는다.

(「학원의 설립·운영 및 과외교습에 관한 법률」 제23조 제1항 제3호)

⑩ 교습비 등 징수

ⓐ '교습비 등'이란?

교습비 등이란 학습자가 학원을 설립·운영하는 자에게 교습이나 학습 장소 이용의 대가로 납부하는 수강료·이용료 또는 교습료 등과 그 외에 추가로 납부하는 모든 경비를 말한다.

(「학원의 설립·운영 및 과외교습에 관한 법률」 제2조 제6호)

ⓑ 영수증 교부

학원 설립·운영자는 교습비 등을 받고 각호의 어느 하나에 해당하는 영수증을 발급해야 한다.

(「학원의 설립·운영 및 과외교습에 관한 법률」 제15조 제1항 및 규제 「학원의 설립·운영 및 과외교습에 관한 법률 시행규칙」 제15조 제2항)

- 「학원의 설립·운영 및 과외교습에 관한 법률 시행규칙」 별지 제 24호서식에 따라 작성한 것
- 신용카드·직불카드·선불카드의 매출전표 또는 영수증이나 현금 영수증에 학습자 성명, 교습과목 및 교습 기간을 모두 작성한 것

ⓒ 교습비 등 게시

학원 설립·운영자는 교습 내용과 교습 시간 등을 고려해서 교습비를 정하고, 그 밖의 경비는 실비로 정해야 한다.

(「학원의 설립·운영 및 과외교습에 관한 법률」 제15조 제2항)

학원 설립·운영자는 시도의 교육 규칙으로 정하는 바에 따라 교습비 등과 그 반환에 관한 사항을 학습자가 보기 쉬운 장소에 게시해야 하며, 학습자를 모집할 목적으로 인쇄물·인터넷 등을 통해서 광고를

하는 경우에는 다음의 사항을 표시해야 한다.

(「학원의 설립·운영 및 과외교습에 관한 법률」 제15조 제3항 전단 및 「학원의 설립·운영 및 과외교습에 관한 법률 시행령」 제16조의3)

- 교습비 등
- 등록증명서의 등록 번호
- 학원의 명칭
- 교습 과정 또는 교습과목

학습자 또는 학부모의 요구가 있을 때는 게시 또는 표시된 교습비 등의 명세를 서면으로 고지해야 한다.

(「학원의 설립·운영 및 과외교습에 관한 법률」 제15조 제3항 후단, 규제 「학원의 설립·운영 및 과외교습에 관한 법률 시행규칙」 제15조 제3항 및 별지 제24호의2 서식)

학원 설립·운영자는 교습비 등을 거짓으로 표시·게시·고지하거나 표시·게시·고지한 교습비 등 또는 교육감에게 등록·신고한 교습비 등을 초과한 금액을 징수해서는 안 된다.

(「학원의 설립·운영 및 과외교습에 관한 법률」 제15조 제4항)

※ 교습비 등의 조정 명령

교육감은 학교 교과교습학원의 교습비 등이 과다하다고 인정되면 교습비 등의 조정을 명할 수 있다.

(「학원의 설립·운영 및 과외교습에 관한 법률」 제15조 제6항)

교육감의 교습비 등 조정 명령을 위반한 경우 그 등록이 말소되거나 1년 이내의 교습 과정의 전부 또는 일부에 대한 교습 정지명령을 받을 수 있다.

(「학원의 설립·운영 및 과외교습에 관한 법률」 제17조 제1항 제8호)

ⓓ 교습비 등 반환

학원 설립·운영자는 학습자가 수강을 계속할 수 없는 경우 또는 학원의 등록말소 등으로 교습을 계속할 수 없는 경우 학습자로부터 받은 교습비 등을 반환 사유 발생일부터 5일 이내에 반환해야 한다.

(「학원의 설립·운영 및 과외교습에 관한 법률」 제18조 제1항 및 「학원의 설립·운영 및 과외교습에 관한 법률 시행령」 제18조 제3항)

교습비 등 반환 사유 및 반환 기준은 다음과 같다.

(「학원의 설립·운영 및 과외교습에 관한 법률 시행령」 제18조 제2항·제3항 및 별표 4)

구분			반환 사유 발생일		반환 금액
교습자가 학원으로부터 격리된 경우			학습자가 학원으로부터 격리된 날		이미 납부한 교습비 등 - (이미 납부한 교습비 등을 일할계산한 금액 × 교습 시작일 또는 학습 장소 제공 시작일부터 학원으로부터 격리된 날의 전날까지의 일수)
교습소가 폐지된 경우 또는 교습의 정지명령정지명령령을 받은 경우			학원 설립·운영자, 교습자 또는 개인과외 교습자가 교습을 할 수 없거나 학습 장소를 제공할 수 없게 된 날		이미 납부한 교습비 등 - (이미 납부한 교습비 등을 일할계산한 금액 × 교습 시작일 또는 학습 장소 제공 시작일부터 교습을 할 수 없거나 학습 장소를 제공할 수 없게 된 날의 전날까지의 일수)
교습자가 교습을 할 수 없거나 학습 장소를 제공할 수 없게 된 경우					
학습자가 본인의 의사로 수강 또는 학습 장소 사용을 포기한 경우	교습 기간 또는 학습 장소 사용 기간이 1개월 이내인 경우	독서실을 제외한 학원, 교습소 및 개인과외 교습자의 경우	학습자가 본인의 의사로 수강을 포기한 날	교습 시작 전	이미 납부한 교습비 등의 전액
				교습 시작 후부터 총 교습 시간의 1/3 경과 전까지	이미 납부한 교습비 등의 2/3에 해당하는 금액
				총 교습 시간의 1/3 경과 후부터 1/2 경과 전까지	이미 납부한 교습비 등의 1/2에 해당하는 금액
				총 교습 시간의 1/2 경과 후	없음
		독서실의 경우	학습자가 본인의 의사로 학습 장소 사용을 포기한 날	학습 장소 사용 전	이미 납부한 교습비 등의 전액
				학습 장소 사용 후	이미 납부한 교습비 등-(법 제15조 제3항 전단에 따라 게시된 1일 교습비 등 × 학습 장소 사용 시작일부터 학습 장소 사용을 포기한 날의 전날까지의 일수)
	교습 기간 또는 학습 장소 사용 기간이 1개월을 초과하는 경우		학습자가 본인의 의사로 수강 또는 학습 장소 사용을 포기한 날	교습 시작 전 또는 학습 장소 사용 전	이미 납부한 교습비 등의 전액
				교습 시작 후 또는 학습 장소 사용 후	반환 사유가 발생한 해당 월의 반환 대상 교습비 등(교습 기간 또는 학습 장소 사용 기간이 1개월 이내인 경우의 기준에 따라 산출한 금액을 말한다)에 나머지 월의 교습비 등의 전액을 합산한 금액

※ 총 교습 시간은 교습 기간 중의 총 교습 시간을 말하며, 반환 금액의 산정은 반환 사유가 발생한 날까지 경과된 교습 시간을 기준으로 한다.

※ 원격교습의 경우 반환 금액은 교습 내용을 실제 수강한 부분(인터넷으로 수강하거나 학습 기기로 저장한 것을 말함)에 해당하는 금액을 뺀 금액으로 한다.

ⓔ 위반 시 제재

학원 설립·운영자가 교습비 등을 거짓으로 표시·게시·고지하거나, 표시·게시·고지한 교습비 등 또는 교육감에게 등록한 교습비 등을 초과한 금액을 징수하는 경우에는 그 등록이 말소되거나 1년 이내의 교습 과정의 전부 또는 일부에 대한 교습 정지명령을 받을 수 있다.

(「학원의 설립·운영 및 과외교습에 관한 법률」 제17조 제1항 제7호)

교습비 등과 그 반환에 관한 사항을 표시·게시·고지하지 않거나 교습비 등을 거짓으로 표시·게시 고지하면 300만 원 이하의 과태료가 부과된다.

(「학원의 설립·운영 및 과외교습에 관한 법률」 제23조 제1항 제7호)

학원 설립·운영자가 표시·게시·고지한 교습비 등 또는 교육감에게 등록한 교습비 등을 초과한 금액을 징수하면 300만 원 이하의 과태료가 부과된다.

(「학원의 설립·운영 및 과외교습에 관한 법률」 제23조 제1항 제7호의2)

교습비 등을 반환해야 함에도 반환하지 않으면 300만 원 이하의 과태료가 부과된다.

(「학원의 설립·운영 및 과외교습에 관한 법률」 제23조 제1항 제10호)

⑪ 학습자 수의 제한

ⓐ 일시 수용 능력 초과 교습의 금지

학원 설립·운영자는 같은 시간에 해당 시설의 일시 수용 능력을 초과하여 교습하거나 학습 장소로 제공해서는 안 된다.

(「학원의 설립·운영 및 과외교습에 관한 법률 시행령」 제10조 제1항)

위 규정에도 불구하고 실험·실습 또는 실기 교습이 필요한 학원에서 같은 교습과목을 같은 시간에 같은 장소에서 교습받을 수 있는 학습자의 수는 시도의 조례로 정한다.

(「학원의 설립·운영 및 과외교습에 관한 법률 시행령」 제10조 제3항)

※ 학원의 교습 과정 등은 각 시도의 조례로 정하고 있다.

⑫ 보험 등 가입 의무

ⓐ 보험·공제사업 가입

학원 설립·운영자는 시도의 조례로 정하는 바에 따라 학원의 운영과 관련하여 학원의 수강생에게 발생한 생명·신체상의 손해를 배상할 것을 내용으로 하는 보험 가입 및 공제사업에 가입하는 등 필요한 안전조치를 취해야 한다.

(「학원의 설립·운영 및 과외교습에 관한 법률」 제4조 제3항)

※ 위반 시 제재

학원 설립·운영자가 보험 가입 및 공제사업에 가입하는 등 필요한 안전조치를 취하지 않으면 300만 원 이하의 과태료가 부과된다.

(「학원의 설립·운영 및 과외교습에 관한 법률」 제23조 제1항 제1호)

ⓑ 화재보험 의무가입

특수건물의 소유자는 손해배상책임을 이행하기 위해 그 건물에 대해서 손해보험회사가 운영하는 신체손해배상특약부화재보험에 가입해야 한다.

(「화재로 인한 재해보상과 보험가입에 관한 법률」 제5조 제1항 본문)

학원으로 사용하는 부분의 바닥면적 합계가 2,000㎡ 이상인 건물은 특수건물에 속하므로 건물 소유자는 위 신체손해배상특약부화재보험에 가입해야 한다.

(「화재로 인한 재해보상과 보험가입에 관한 법률」 제5조 제1항 및 「화재로 인한 재해보상과 보험가입에 관한 법률 시행령」 제2조 제1항 제2호)

구분	내용
학원 건물의 소유주가 직접 학원을 설립·운영하는 경우	학원으로 사용하는 부분의 바닥면적 합이 2,000㎡ 이상인 건물은 특수건물에 해당하여 신체손해배상특약부화재보험 가입 의무 대상이다. 따라서 학원 건물 소유주는 신체손해배상특약부화재보험에 가입해야 한다.
	이를 위반하면 500만 원 이하의 벌금에 처한다. (「화재로 인한 재해보상과 보험가입에 관한 법률」 제23조)
학원 건물의 소유주와 학원의 설립·운영자가 다른 경우	신체손해배상특약부화재보험의 가입 의무자는 학원의 설립·운영자가 아니라 건물의 소유자이므로, 원칙적으로 학원의 설립·운영자는 보험 가입 의무가 없다. (「화재로 인한 재해보상과 보험가입에 관한 법률」 제5조 제1항) 그러나 차후 발생할 수 있는 화재에 따른 문제 등을 원만히 해결하기 위해 건물 소유주와 임대차계약 체결 시 이 부분에 대해 협의해놓는 것이 좋다.

⑬ 그 밖에 학원 운영자 등의 의무

ⓐ 학원 설립·운영자 및 강사의 연수 의무

교육감은 학원 설립·운영자 및 강사가 갖추어야 할 사회교육 담당자로서 자질을 향상하기 위하여 필요하면 이들의 연수에 관한 계획을 수립·시행할 수 있으며, 이 경우 외국인 강사에 대해서는 한국 문화 적응을 지원하고 사회교육 담당자로서 자질을 향상하기 위하여 입국 후 한 번 이상 연수를 실시해야 한다.

「학원의 설립·운영 및 과외교습에 관한 법률」제15조의4)

ⓑ 아동학대 범죄 신고 의무

학원의 운영자·강사·직원은 그 직무상 아동학대 범죄를 알게 된 때에는 즉시 특별시·광역시·특별자치시·도·특별자치도, 시·군·구 또는 수사기관에 신고해야 한다.

「아동학대범죄의 처벌 등에 관한 특례법」제10조 제2항 제22호)

ⓒ 성범죄 관련 신고 의무·취업제한 및 경력조회

학원의 설립·운영자 및 그 종사자는 그 직무상 아동·청소년 대상 성범죄의 발생 사실을 알게 된 때에는 즉시 수사기관에 신고해야 한다.

「아동·청소년의 성 보호에 관한 법률」제34조 제2항 제7호)

아동·청소년 대상 성범죄 또는 성인 대상 성범죄(이하 '성범죄'라 함)로 형 또는 치료감호를 선고받아 확정된 사람은 그 형 또는 치료감호의 전부 또는 일부의 집행을 종료하거나 집행이 유예·면제된 날부터 일정 기간 아동·청소년을 대상으로 하는 학원의 설립·운영, 해당 시설에의 취업 또는 사실상 노무 제공을 제한받을 수 있다.

(「아동·청소년의 성 보호에 관한 법률」 제56조 제1항 제3호)

아동·청소년 관련 교육기관 등의 장은 그 기관에 취업 중이거나 사실상 노무를 제공 중인 자 또는 취업하려 하거나 사실상 노무를 제공하려는 자에 대하여 성범죄의 경력을 확인해야 하며, 이 경우 본인의 동의를 받아 관계 기관의 장(소재지 관할 경찰서)에게 성범죄의 경력조회를 요청해야 한다.

(「아동·청소년의 성 보호에 관한 법률」 제56조 제4항 본문)

다만, 취업자 등이 성범죄경력조회 회신서를 아동·청소년 관련기관 등의 장에게 직접 제출한 경우에는 성범죄경력조회를 한 것으로 본다.

(「아동·청소년의 성 보호에 관한 법률」 제56조 제4항 단서)

ⓓ 감염병에 관한 조치

학원 설립·운영자는 의사의 진단 결과 감염병에 감염 또는 감염된 것으로 의심되거나 감염될 우려가 있는 학습자 및 강사를 학원으로부터 격리하는 등 필요한 조치를 할 수 있다.

(「학원의 설립·운영 및 과외교습에 관한 법률」 제5조의2)

위에 따라 학습자 및 강사를 학원으로부터 격리하는 등 필요한 조치를 하는 경우에는 당사자에게 그 사유와 기간을 구체적으로 밝혀야 한다. 다만, 질환 증세 또는 질병 유행의 양상에 따라 필요한 경우에는 그 기간을 단축하거나 연장할 수 있다.

(「학원의 설립·운영 및 과외교습에 관한 법률 시행규칙」 제2조의3)

ⓔ 장부 및 서류 비치

학원 설립·운영자는 「학원의 설립·운영 및 과외교습에 관한 법률 시행규칙」 별표 2에 따른 장부 및 서류를 갖추어두고 기록·유지하여야 한다.

(「학원의 설립·운영 및 과외교습에 관한 법률」 제15조의3 및 「학원의 설립·운영 및 과외교습에 관한 법률 시행규칙」 제16조)

이를 위반하여 장부 또는 서류를 비치·관리하지 않으면 300만 원 이하의 과태료가 부과된다.

(「학원의 설립·운영 및 과외교습에 관한 법률」 제23조 제1항 제7호의4)

ⓕ 과대광고 금지

학원은 학습자를 모집할 때 과대 또는 거짓 광고를 해서는 안 된다.

(「학원의 설립·운영 및 과외교습에 관한 법률」 제17조 제1항 제9호)

학습자를 모집할 때 과대 또는 거짓 광고를 한 경우 그 등록이 말소되거나 1년 이내의 교습 과정의 전부 또는 일부에 대한 교습 정지명령을 받을 수 있다.

(「학원의 설립·운영 및 과외교습에 관한 법률」 제17조 제1항 제9호)

⑭ 학원의 휴원 및 폐원 신고

ⓐ 학원의 휴원 및 폐원 신고 등

학원 설립·운영자가 학원을 1개월 이상 휴원하거나 폐원하려면 학원 휴원·폐원 신고서를 작성하여 교육장에게 제출해야 한다.

(「학원의 설립·운영 및 과외교습에 관한 법률」 제10조 및 규제「학원의 설립·운영 및 과외교습에 관한 법률 시행규칙」 제8조 제1항 및 별지 제11호서식)

다만 학원 설립·운영자가 학원 등록말소 또는 교습 정지 처분을 받은 기간과 그 처분을 위한 절차가 진행 중인 기간에는 폐원 신고를 할 수 없다.

(「학원의 설립·운영 및 과외교습에 관한 법률」 제10조 제4항 및 제17조 제1항)

ⓑ 사업자등록에 대한 휴원 및 폐원 신고 등

학원을 휴원 또는 폐원 신고하면서 사업자등록에 대해서도 휴업 또는 폐업 신고를 같이하려는 경우에는 휴원·폐원 신고서에 휴업(폐업) 신고서도 함께 제출해야 한다.

(「학원의 설립·운영 및 과외교습에 관한 법률 시행규칙」 제8조 제2항 전단 및「부가가치세법 시행규칙」 별지 제9호서식)

관할 세무서장에게 휴업(폐업)신고서와 함께 휴원·폐원 신고서를 제출한 경우에는 관할 세무서장이 이를 관할 교육장에게 송부하고, 이 경우에도 휴원·폐원 신고서가 제출된 것으로 본다.

(「학원의 설립·운영 및 과외교습에 관한 법률 시행규칙」 제8조 제3항)

※ 위반 시 제재

학원이 정당한 사유 없이 2개월 이상 휴원한 경우 그 등록이 말소되거나 1년 이내의 교습 과정의 전부 또는 일부에 대한 교습 정지명령을 받을 수 있다.

(「학원의 설립·운영 및 과외교습에 관한 법률」 제17조 제1항 제5호)

학원의 휴원 및 폐원 신고를 하지 않으면 300만 원 이하의 과태료가 부과된다.

(「학원의 설립·운영 및 과외교습에 관한 법률」 제23조 제1항 제2호)

※ 참고

각 시도 교육청 홈페이지

제2장

비영리민간단체, 연구소 설립 등록 절차

1. 혼자가 아니기 위해: 함께 걸어가는 길

2009년, 평범한 주부로 지내던 나는 주산암산을 배우기 시작했다. 주산암산은 다른 과목과 달리 수업에 사용되는 교재와 지도법의 영향을 크게 받는 과목이라, 누구나 시작할 수는 있지만 강사로서 자리를 잡기까지는 쉽지 않은 과목이기도 하다.

프리랜서 강사로 활동을 시작하면서 협회나 단체에 가입하는 문제를 두고 많은 고민을 했다. 결혼 전 회사 생활을 통해 소속감을 느끼며 일해본 경험은 있었지만, 프리랜서 강사로서 독립적으로 일하게 되면 조직이나 특정 집단에 속하지 않은 상태에서 소속감을 느끼기가 쉽지 않기 때문이다.

여러 상황을 두고 고민 끝에 나는 한 단체에 가입을 하고 열심히 활동을 하던 중, 둘째가 4살이 되던 해부터 삶이 더 바빠지기 시작했다. 자폐 스펙트럼 판정을 받은 둘째가 평범한 아이로 성장할 수 있도록 가족 모두의 노력이 필요했다.

방과후 수업을 마치고 시간이 허락되면 내가 직접 치료실에 데려가고, 그럴 수 없는 날에는 시어머니의 도움을 받아 주 4회 이상 언어치료, 심리치료, 음악치료에 집중했다. 많이 울기도 했고, 마음속 깊이 원망이 들었던 날도 있었다. 그 무렵 내가 소속된 단체에서는 여러 가지 일들을 도맡아 하게 되었는데, 아이가 필요한 돌봄과 단체 내 역할을 병행하는 것이 점점 힘에 부쳤다. 그렇게 '나'를 잃고 '남'을 위해 살아가는 삶이 점점 더 버겁게 느껴졌다.

내 아이를 포기할 수는 없었기에, 결국 정리를 해야 한다면 일과 사람들과의 관계를 내려놓는 것밖에 방법이 없었다. 더 나은 삶을 위해 가입했던 단체였지만, 아슬아슬한 내 삶 속에서 정리해야 할 첫 번째 선택지가 되어버렸다. 2013년 가을, 나는 다시 평범한 강사로 돌아갔고, 치료에 매달리는 엄마로 살아가기로 했다. 그렇게 나는 소속감을 잃고 1년의 방황을 한 후 새로운 단체를 설립하게 되었다.

내가 단체를 설립해야만 했던 이유는 무엇일까? 그 이유는 아마도 나와 같은 상황에 있는 사람들에게 도움이 되고 싶었던 간절한 마음에서 시작되었을 것이다. 둘째 아이의 자폐 스펙트럼 판정을 받고, 치료와 성장에 필요한 여러 과정을 겪으며 느낀 현실적인 어려움들, 그리고 그 과정에서 만난 사람들의 조언과 따뜻한 손길들이 나에게 깊은 영향을 미쳤다. 가장 큰 이유는 공감과 공유였다.

나는 아이의 치료를 위해 다양한 프로그램을 찾아다녔고, 그 과정에서 느낀 점은 이 모든 것을 혼자서 감당하기란 너무나 어렵다는 것이었다. 그래서 같은 고민을 가진 부모들이나, 비슷한 길을 걸어가는 사람들과 함께할 수 있는 공동체의 필요성을 절실히 느꼈다.

또한, 변화를 만들고 싶다는 마음도 있었다. 내가 겪었던 어려움들이 다른 사람들에게는 조금 덜했으면 하는 마음, 그리고 내가 배운 것들을 바탕으로 더 나은 시스템이나 환경을 만들고 싶다는 열망이 있었다. 단체는 그런 변화를 시작할 발판이 될 수 있었다.

마지막으로, 내가 할 수 있는 역할에 대한 책임감이었다. 둘째 아이를 통해 많은 것을 배우고 성장했으며, 그 경험이 나를 단순히 개인적인 성공이나 성취가 아니라 사회적 기여로 이끌었다. 단체를 통해 나와 비슷한 상황에 있는 사람들에게 작은 도움이라도 줄 수 있다면, 그 자체로 내가 받은 씨앗을 심고 꽃피우는 일이 될 것이라고 생각했다.

결국 단체를 설립한 이유는 '혼자가 아니기 위해', '함께하기 위해', 그리고 '변화를 만들기 위해'였던 것 같다.

2. 비영리민간단체(협회), 연구소 설립 등록 절차

단체 설립 준비

단체의 목적과 활동 계획을 수립하고, 최소 10명 이상의 회원으로 조직을 구성한다.

정관(회칙)을 작성하여 단체의 운영 규정을 명확히 한다.

(1) 단체 설립 목적을 정할 때 고려할 점

- 사회적 문제 인식: 내가 해결하고자 하는 문제가 무엇인가? 이를 통해 사회에 어떤 변화를 가져오고 싶은가?
- 목표와 가치관: 단체가 추구하는 가치는 무엇인가? 이를 통해 어떤 긍정적인 영향을 끼치고 싶은가?
- 대상 및 범위: 단체의 활동이 누구에게, 어떤 방식으로 도움이

될 것인가? 활동의 범위는 지역적인가, 전국적인가, 아니면 글로벌한가?

- 장기적인 비전: 단기적으로 해결하고 싶은 과제와 장기적으로 이루고 싶은 목표는 무엇인가?

(2) 단체 설립 목적

① 교육 지원
- 소외된 계층의 아이들에게 교육의 기회를 제공하고, 학습 격차를 줄이는 것을 목표로 한다.
- 청소년에게 필요한 학습 자원과 멘토링을 통해 건강한 성장을 지원한다.

② 복지와 지원
- 장애인과 그 가족이 겪는 어려움을 해소하고, 자립을 돕는 다양한 프로그램을 운영한다.
- 경제적 취약 계층을 위한 복지 서비스를 제공하고, 삶의 질을 개선하는 데 기여한다.

③ 환경 보호
- 지역사회의 환경 문제를 해결하고, 지속 가능한 환경 보존 활동

을 전개한다.

- 자연 자원의 보존과 재활용 문화를 확산시켜 환경 인식을 제고한다.

④ 문화와 예술

- 지역사회의 전통 문화를 보존하고, 다양한 예술 활동을 통해 공동체의 결속력을 강화한다.
- 예술을 통해 소외된 계층의 자아 표현과 창작 활동을 지원한다.

⑤ 건강과 심리적 지원

- 정신 건강 문제에 대한 인식을 높이고, 상담과 지원 프로그램을 통해 건강한 사회를 만든다.
- 지역 주민의 건강을 증진하고, 예방적 의료 활동을 전개한다.

⑥ 공동체 활성화

- 주민 간의 유대를 강화하고, 지역사회를 활성화하는 다양한 활동을 지원한다.
- 공동체의 문제를 함께 해결하고, 지속 가능한 지역 발전을 도모한다.

(3) 정관 작성

① 정관 작성 시 필수 항목

- 단체의 명칭: 단체의 정식 이름을 명시. 다른 단체와 중복되지 않도록 주의
- 목적: 단체 설립의 이유와 지향하는 목표를 간결하고 명확하게 서술
- 소재지: 단체의 주된 사무소 주소를 기재
- 사업 내용: 단체가 수행할 주요 활동 및 사업을 구체적으로 명시 (예: 교육 프로그램 운영, 복지 서비스 제공, 환경보호 캠페인 등)
- 회원의 자격과 권리·의무: 회원의 가입 및 탈퇴 조건, 권리와 의무를 규정(예: 회비 납부, 정기총회 참석, 의결권 등)
- 임원의 구성과 선임: 단체의 대표, 이사, 감사 등 임원의 구성과 임명, 임기, 역할 등을 명시
- 총회의 구성과 운영: 총회의 소집 절차, 의결 방법, 정기총회와 임시총회의 구분 등을 서술
- 재정 관리: 회비, 기부금, 보조금 등 재원의 조달 방법과 사용 원칙, 회계 처리 및 감사 방법을 명시
- 정관의 변경: 정관을 변경할 경우 필요한 의결 절차와 조건을 명시
- 해산 및 잔여 재산 처리: 단체 해산 시 잔여 재산의 처리 방법을 규정 명시(대개 공익적 목적의 단체에 귀속)
- 부칙: 정관의 시행일, 적용 범위 등을 명시

② 작성 후 유의사항

- 법적 요건 검토: 정관이 관련 법령(민법, 비영리민간단체 지원법 등)에 부합하는지 확인
- 구성원 동의: 정관은 창립총회에서 승인되어야 하며, 회원들의 서명이 필요
- 행정기관 제출: 등록이나 고유번호증 발급 시 정관이 필수 제출 서류로 요구됨

세무서 방문 및 제출 서류 준비

- 관할 세무서를 방문하여 고유번호증 발급을 신청
- 담당자가 서류를 검토하며, 부족한 내용이 있으면 보완을 요청할 수 있음

※ 고유번호증 발급의 필요성

- 법적 인정: 단체를 공식적으로 인정받아 신뢰성을 확보할 수 있음
- 계좌 개설: 단체 명의의 은행 계좌 개설이 가능
- 정부 지원 및 공모사업 참여: 보조금 신청, 공모사업 참여 등 정부나 공공기관의 지원을 받을 수 있음
- 재정 투명성 확보: 회비, 기부금, 보조금 등을 세무적으로 관리할

수 있음

(1) 제출 서류

- 고유번호증 발급 신청서(세무서 비치 또는 홈택스 다운로드 가능)
- 단체 설립을 증명할 서류(정관, 회칙 등)
- 단체 대표자 신분증 사본
- 회원 명부(최소 10명, 주소, 연락처 포함)
- 사무실 임대차계약서 또는 단체 소재지 증빙 서류
- 창립총회 회의록(임원 선출 내용 포함)
- 법인으로 보는 단체 도장(직인)

(2) 발급완료

- 서류에 문제가 없으면 3~7일 내에 고유번호증 발급
- 고유번호증에는 단체의 이름, 고유번호(사업자등록번호와 유사), 발급 날짜 등이 포함됨

(3) 고유번호증 발급 후 의무 사항

- 정기적인 재정 보고: 기부금 수입 및 사용 내역, 회비, 보조금 등
  재정을 투명하게 관리해야 하며, 필요시 세무서나 후원자에게
  공개해야 함
- 비영리 목적 유지: 단체 활동이 공익적이어야 하며, 영리 목적으
  로 변질되지 않도록 관리해야 함
- 세금 신고: 고유번호증이 있는 단체는 수익이 발생하지 않아도 정
  기적으로 세무 신고(매년 부가가치세 신고 등)를 해야 함

(4) 고유번호증과 사업자등록증의 차이

- 고유번호증: 비영리 목적의 단체를 위한 등록증. 세금 혜택 및 공
  익활동에 적합
- 사업자등록증: 영리 활동(판매, 수익 창출)을 위한 등록증. 세금 납
  부 의무가 있음

FAQ

Q. 개인 주소로도 고유번호증 발급이 가능한가요?

A. 가능합니다. 임대차계약서 대신 대표자의 주소 증빙 서류(등본 등)를 제출하면 됩니다.

Q. 고유번호증 발급 비용은 있나요?

A. 고유번호증 발급 자체는 무료입니다.

Q. 고유번호증으로 기부금 영수증을 발행하려면 별도 절차가 필요한가요?

A. 기부금 영수증 발급 단체로 지정받으려면 별도의 신청이 필요합니다. 이는 국세청 홈페이지에서 가능하며, 지정 요건을 충족해야 합니다.

3. 지방자치단체 비영리민간단체 등록 절차

비영리민간단체 등록

- 등록취지: 매년 1월경에 공고하는 비영리민간단체 공익활동 지원 사업에 신청할 수 있는 자격을 부여하고 선정된 단체에 한해 공익 사업의 사업비 일부를 지원함

신규등록

(1) 등록기관

① 시청 등록

- 중앙행정기관 등록 대상이 아닌 단체로서 등록 요건에 해당되는 단체

- 단체의 주된 목적사업별로 해당 실과에 등록 신청(예: 아동·청소년 지원
  - 아동청소년과 / 저소득층 지원 - 사회복지과 / 전통문화 계승 - 문화예술과)

② 중앙행정기관 등록 대상 단체

- 사업 범위가 2개 이상 시·도에 걸쳐 있고 2개 이상 시·도에 사
  무소를 설치·운영하고 있는 단체
- 단체의 주된 공익사업을 주관하는 중앙행정기관(부·처·청, 중앙행
  정기관에 준하는 위원회 등)에 등록

(2) 등록 요건

영리가 아닌 공익활동을 수행하는 것을 주된 목적으로 하는 민간단
체로서 다음의 요건을 갖춘 단체(법 제2조)

- 사업의 직접 수혜자가 불특정 다수일 것
- 구성원 상호 간에 이익 분배를 하지 아니할 것
- 사실상 특정 정당 또는 선출직 후보를 지지·지원할 것을 주된
  목적으로 하거나, 특정 종교의 교리전파를 주된 목적으로 설
  립·운영되지 아니할 것
- 상시 구성원 수가 100인 이상일 것
- 법인이 아닌 단체일 경우에는 대표자 또는 관리인이 있을 것

(3) 등록 신청서류

- 등록 체크리스트(단체용)
- 등록 신청서
- 단체의 회칙 또는 정관(간인): 단체의 편의를 고려하여 회칙(정관) 상 소재지는 상세 주소 기재 불요
- 당해 연도 및 전년도의 총회 회의록 각 1부(간인, 총회 참석명부, 개최 사진)
- 당해 연도 및 전년도의 사업계획서 각 1부
- 당해 연도 및 전년도의 수지예산서 각 1부
- 전년도 결산서 1부
- 회원명부 1부
- 단체소개서 1부
- 사무소 사용 확인 서류

구분	서류
단체 명의 건물인 경우	건물등기부등본
단체 명의로 계약된 경우	임대차계약서, 건물등기부등본 등
개인 명의(단체 대표, 지부장, 회원 등)로 계약된 경우	임대차계약서, 건물등기부등본, 임차인의 부동산(건물) 사용승낙서 등
공공기관 건물 임차	사용허가서 또는 공공기관의 장 명의의 사용승낙서

서식1: 비영리민간단체 신규등록 체크리스트(단체용)

① 단체 등록 신청서	**비영리민간단체 지원법 시행령 별지 제1호서식이 맞습니까?** * 국가법령정보센터(https://law.go.kr/)에서 법령검색 후 서식 다운로드 가 가능합니다.	☐
	제출하실 부서를 확인하였습니까? * 등록부서는 단체의 주된 사업과 관련한 업무를 보는 부서입니다.	☐
	신청서 서식 아래에 적힌 첨부서류를 모두 준비하였습니까?	☐
	○○시에 등록 가능한 단체가 맞습니까? * 사업 범위가 2 이상 시·도에 걸쳐 있고 2 이상 시·도에 사무소를 설 치·운영하고 있는 단체는 중앙행정기관에서 등록합니다.	☐
② 단체 등록 요건 ※ 법 제2조 (정의)	**사업의 직접 수혜자가 불특정 다수일 것을 충족합니까?** * '불특정 다수'의 의미는 수혜대상이 지역· 집단·직업 등의 요건에 따 라 차등이 있어서는 안 됨을 의미합니다.	☐
	구성원 상호간에 이익분배를 하지 아니할 것을 충족합니까? * 회원의 친목 도모, 회원의 권익향상을 도모하는 단체는 등록될 수 없 습니다.	☐
	사실상 특정정당 또는 선출직 후보를 지지·지원 또는 반대할 것을 주 된 목적으로 하거나, 특정 종교의 교리전파를 주된 목적으로 설립·운 영되지 아니할 것을 충족합니까?	☐
	상시 구성원수가 100인 이상일 것을 충족합니까? * 상시 구성원수는 단체회칙(정관)의 규정에 따라 회원명부에 등재되 어 있고 총회에 참석하여 단체의 의사결정을 할 수 있는 실질적인 회 원수를 말합니다.	☐
	최근 1년 이상 공익활동실적이 있을 것을 충족합니까? * 단체의 이름으로 활동한 내역으로 단체의 계획서, 예·결산서에 포함 된 공식적인 활동을 말합니다.	☐
	법인이 아닌 단체일 경우에는 대표자 또는 관리인이 있을 것을 충족 합니까? * 단체의 회칙(정관)에 근거하여 지정된 대표자(관리인)를 말합니다.	☐
③ 단체 사무실 확보	**단체 사무실을 확보하였습니까?** * 사무실이란 건물등기부등본 또는 건축물대장 등에 용도가 '사무실'로 정해진 곳이나 상시 사무실로 이용하기에 적합한 곳으로, 그 소유권 을 확인할 수 있는 서류가 필요합니다.	☐

※ **단체 등록 요건(비영리민간단체 지원법 제2조)은 등록 후에도 충족되어야 한다.** 제2조에 따른 요건을 갖추지 못하게 된 때에는 법 제4조의2(등록의 말소)에 따라 등록이 말소될 수 있다.

변경등록

(1) 변경신청대상(시행령 제3조 제4항)

등록단체가 다음과 같은 사유로 등록사항을 변경하고자 하는 때에는 등록변경신청서(영 별지 제1호 서식)를 등록기관에 제출한다.

- 단체의 명칭을 변경한 경우
- 대표자 또는 관리인을 변경한 경우
- 주된 사무소 소재지를 변경한 경우(시·도를 달리한 경우를 말한다)
- 주된 사업을 변경한 경우

(2) 변경신청 서류

- 등록변경신청서
- 비영리민간단체등록증 원본
- 등록변경사유서
- 변경사항이 반영된 단체의 회칙(또는 정관) 1부(간인)
- 변경사항이 논의된 총회 회의록 사본 1부(간인, 총회 참석명부, 개최 사진)

제3장

인터넷신문 및 언론기관 부설 평생교육원 등록 절차

1. 새로운 도전의 시작: 평생교육원을 꿈꾸다

바우처 기관을 운영하던 시절이었다. 어느 날, 잘 알고 지내던 분이 고민스러운 얼굴로 찾아와 말씀하셨다.

"선생님, 남편이 사업을 해서 바우처를 신청할 수가 없어요. 부모 교육도 받고 싶고, 내가 좋아하는 일을 찾아 다시 일해보고 싶어요."

그 이야기를 들었을 때 마음 한구석이 무겁게 내려앉았다. 어떻게든 많은 사람들이 큰 비용을 들이지 않고도 좋아하는 일을 찾고, 행복하게 살 수 있도록 돕고 싶다는 생각이 머릿속에서 맴돌았다.

그래서 주변 사람들에게 물어보기 시작했다.

"배우고 싶은 건 무엇인가요? 하고 싶은 일이 있으신가요?"

대부분의 대답은 비슷했다. 아이들을 키우면서도 나만의 일을 찾아 다시 시작하고 싶다는 바람이었다.

그러다 문득 실직자 훈련 제도가 떠올랐다. '맞아, 실직자 훈련은 소득과 관계없이 일정 기간 동안 원하는 교육을 받을 수 있도록 지원해주는 제도잖아!' 이런 생각을 하고 곧바로 알아보기 시작했다.

조사를 해보니 직업훈련학교나 평생교육학원, 평생교육원 등에서 실직자 훈련을 진행할 수 있다는 걸 알게 되었다. 그때 문득 평생교육원을 운영해보고 싶다는 생각이 들었다. 바우처 제공기관과도 밀접한 연관이 있어 함께 운영하면 더 좋을 것 같다는 확신이 들었다. 하지만 막상 평생교육원 설립을 알아보니, 예상보다 까다로운 점이 많았다.

인터넷에서는 평생교육원 설립을 도와주겠다며 수천만 원을 요구하는 업체들도 있었다. 당장 돈도 부족했을 뿐만 아니라, 그런 방식이 왠지 신뢰가 가지 않아 쉽게 결정을 내릴 수 없었다. 내가 꿈꾸는 방식과는 어딘가 맞지 않았기 때문이다.

평생교육원을 운영 중인 원장님을 찾아가 도움을 요청했다.

"원장님, 제가 바우처 기관을 운영하고 있는데, 평생교육원으로 전환하고 싶어요."

진심을 담아 상의드렸지만, 원장님은 본인도 컨설팅을 통해 설립하셨으며, 약간의 수수료를 지불했다고 말씀하셨다. 가까운 분조차 전문가의 도움을 받아 설립했다는 이야기를 듣자, 왠지 모르게 기운이 빠졌다. '이쯤에서 그냥 포기해야 하나…' 하는 생각이 들었다. 그런데 며칠 뒤, 한 통의 문자가 도착했다.

"선생님, 방금 보내드린 블로그를 참고해보세요. 평생교육원 설립에 도움이 될 것 같아요."

뜻밖의 배려가 담긴 메시지였다. 다시 한번 용기를 내볼 수 있을 것 같았다.

내가 평생교육원에 대해 여기저기 물었던 게 기억에 남으셨던 걸까?

원장님께서 설립과 관련된 내용을 보시고 이렇게 연락을 주신 것이었다.

호기심이 생겨 블로그 글을 읽어보니, 평생교육원 설립 과정에서 지나치게 높은 컨설팅 비용을 요구하는 곳들을 비판하며, 자신은 무료로 도움을 주겠다는 내용이 적혀 있었다. 정말일까? 의심 반, 기대 반의 마음으로 블로그에 적힌 연락처를 확인한 뒤, 잠시 망설이다가 용기를 내어 문자를 하나 보내보았다.

'안녕하세요, 대표님. 부산에 사는 안은선입니다. 블로그 글을 보고 연락드립니다. 도움을 받고 싶은데, 통화 가능하시면 문자 부탁드립니다.'

조심스레 문자를 보내고 며칠을 기다렸지만, 아무런 답장이 오지 않았다. 큰 기대를 한 건 아니었지만, 그래도 조금은 아쉬웠다.

몇 주가 지나 문득 생각이 나서 다시 한번 문자를 보냈다.

'현재 방과후 강사로 활동하며 정부 지원을 받는 바우처 기관을 운영하고 있습니다. 평생교육원을 설립해 계좌제를 운영해보려 하는데, 도움을 받고 싶습니다. 꼭 연락 부탁드립니다.'

이번에는 조금 더 구체적으로 상황을 설명했지만, 이번에도 답변은 오지 않았다.

문자를 보낸 지 한 달쯤 지난 어느 날, 수학 강사 모임에 참석 중이었다. 스터디를 마친 후 간단히 점심을 먹으러 가는 길, 모르는 번호로 전화가 걸려왔다. 평소라면 받지 않았을 테지만, 혹시 학부모일 수도 있다는 생각에 전화를 받았다.

"안녕하세요. 얼마 전에 저에게 문자를 보내셨던 분 맞으시죠? 바우처 기관을 운영하신다고 하셨던…"

짧은 통화였지만, 내가 문자를 보냈던 게 맞고, 바우처 기관을 운영하는 것도 맞으니 혹시 나를 아는 사람인가 싶어 얼떨결에 대답했다.

"네, 맞긴 맞는데… 제가 문자를 드렸었나요? 죄송합니다. 연락처를 저장하지 못해서 누구신지 잘 모르겠어요."

"저는 김○○입니다."

이름을 들어도 기억이 나질 않아 조심스럽게 다시 물었다.

"정말 죄송합니다. 제가 어떤 용건으로 문자를 드렸었나요?"

"아닙니다. 오히려 제가 너무 늦게 연락드려 죄송해요. 한 달쯤 전에 평생교육원을 설립하고 싶다고 문자를 주셨더라고요."

그제야 모든 게 떠올랐다. 전화번호를 저장해두지 않았던 게 너무 죄송스러웠다.

"정말 전화를 주실 줄은 몰랐어요."

뜻밖의 연락에 나는 반가움과 감사함이 뒤섞여 어찌할 바를 몰랐다.

"네, 제가 블로그 글을 한번 올린 뒤로 평생교육원 설립 관련 전화와 문자가 너무 많이 와서, '평생교육원'이라는 단어를 스팸 필터에 등록해놨었어요. 그러다 스팸 편지함을 정리하면서 선생님 문자를 발견하고, 이렇게라도 늦게 연락드리게 되었습니다."

대표님의 이야기를 들으니, 한 달이나 지난 내 문자가 어떻게 눈에 띄었을까 궁금해졌다.

"많은 분들이 평생교육원을 설립하면 큰돈을 벌 수 있다고 생각하며 연락을 주세요. 하지만 확실한 사업 목적이 없으면 설립 후 운영이 어려워 결국 폐업하는 경우가 많습니다. 그런데 선생님은 이미 바우처 사업을 운영하고 계시잖아요. 그래서 설립하셔도 충분히 유지하실 수 있을 거라 생각해 연락을 드렸습니다."

대표님의 설명을 듣고 나니, 그분이 단순히 관심을 주는 것이 아니라 진정으로 현실적인 조언을 해주고 있다는 느낌이 들었다.

알고 보니, 대표님은 청주에서 청소년기자단을 운영하고 계신 분이었다.

"그래도 선생님은 정부 서류를 작성해보신 경험이 있으시니 다른 분들보다 설립 과정을 더 빠르게 진행하실 수 있을 거예요. 제가 필요한 자료를 보내드릴 테니 참고해보세요."

대표님은 지역별로 몇몇 분들에게 도움을 주셨다고 한다. 선뜻 나눔을 실천하는 모습이 참 고마웠고, 덕분에 다시금 용기가 생겼다. 무언가를 간절히 원하고 노력하다 보니, 도와주는 사람들이 하나둘 곁에 생겨나는 것 같았다.

"선생님 열정이 대단하셔서 도와드리는 거니 꼭 잘 운영하시고, 계좌제 등록도 성공적으로 마치시길 바랍니다."

대표님의 격려와 당부를 가슴에 새기며 나는 본격적으로 무자본 평생교육원 설립을 준비하기 시작했다.

평생교육원은 대학 부설, 사단법인 부설, 언론 부설로 나뉜다. 이 중 일반인이 설립할 수 있는 평생교육원은 사단법인 부설과 언론 부설로 제한된다. 따라서, 내 상황에 맞는 설립 방식을 찾아 꼼꼼히 준비해나가야 했다. 나는 언론 부설 평생교육원을 설립하기로 결정했다. 평생교육원은 해당 주소지의 교육지원청에 신고하면 신고증이 발급된다.

자료를 준비하면서 사회적 협동조합 설립 서류를 작성했던 경험이 있어 큰 어려움은 느끼지 않았다. 평생교육원은 시설 기준과 등록 기준을 충족하면 누구나 설립할 수 있지만, 그 기준이 상당히 까다로워 쉽게 등록하기는 어려운 구조였다.

　대표님의 도움과 격려 속에서 나는 조금씩 앞으로 나아가기 시작했다. 먼저 인터넷 언론사를 부산시에 등록하고, 언론사 등록 허가증을 기반으로 평생교육원 제출 서류를 준비했다. 이전에 구청과 교육부에 서류를 제출하며 담당자와 소통했던 경험이 있어, 등록 준비는 비교적 순조롭게 진행되었다. 한 달 정도 시간을 들여 서류를 작성하고 제출한 뒤, 현장조사를 기다리고 있었다.

　어느 날, 교육지원청 평생교육 담당자로부터 전화가 걸려왔다.

　"여기 ○○교육지원청 평생교육 담당자 ○○○입니다. 제출하신 서류 중 화장실 사진에 문제가 있어 연락드렸습니다."

　예상치 못한 화장실 문제라는 이야기에 순간 당황했다. 담당자는 화장실이 남녀 구분이 없다는 이유로 서류를 반려했고, 현장조사 역시 취소되었다.

　갑작스러운 상황에 짜증이 밀려왔지만, 정확한 이유를 알아야겠다는 생각으로 급히 ○○교육지원청 평생교육 담당자를 찾아갔다. 담당자는 남자 소변기가 없고 남녀 구분이 되어 있지 않은 점이 문제가 됐다고 설명했다. 답변을 듣고 돌아오는 길, 모든 걸 포기하고 싶다는 생각이 들었다. 매번 어렵게 서류를 준비하고 제출하는 과정이 점점 버겁게 느껴졌다.

교육지원청에서 나오는 길에 이서우 선생님께 전화를 걸었다.

"선생님, 이번 평생교육원 설립은 그냥 없던 일로 하려고요."

매번 내 고생을 안쓰러워하시며 "이제 그만 벌려라" 하시던 분이기에, 이 말을 들으시면 이해하실 거라 생각했다.

"왜요? 거의 다 된 거 아니었어요?"

화장실 문제로 서류가 반려되었다는 이야기를 전하자, 선생님께서 뜻밖의 말씀을 하셨다.

"화장실 공사하면 안 돼요?"

늘 그만두라고 하시던 분이 이번엔 다시 해보자고 제안하시다니. 예상치 못한 반응에 순간 당황스러웠다.

"조금 힘들어서요. 서류 준비하고 실사받는 과정이 너무 벅차게 느껴져요."

전화를 끊고 사무실로 돌아와 앉아 있었다. 그런데 얼마 지나지 않아 이서우 선생님께서 사무실로 찾아오셨다.

"같이 알아봐요."

그 한마디가 큰 위로와 용기를 주었다. 다시 한번 힘을 내야겠다는 생각이 들었다.

"지금까지 잘해왔는데, 여기서 포기하면 너무 아쉬울 것 같아요. 나중에 정말 후회할 수도 있어요."

이서우 선생님은 내게 힘을 주시며 본인의 경험을 들려주셨다.

"내가 주산암산 강사가 되려고 준비하던 때 다리를 다쳤던 거 기억나요? 정말 아무것도 할 수 없는 상황이었어요. 그런데도 포기하면 두

번 다시 이런 기회는 없을 것 같아서, 죽을 것 같은 마음으로 끝까지 노력했어요."

그 말씀에 용기를 얻어, 우리는 결국 화장실 공사를 하기로 했다. 공사가 끝난 뒤 다시 서류를 제출하고 현장실사를 기다렸다. 현장실사 날, 담당자는 시설 규모가 작다는 이유로 걱정을 드러냈다.

"생각보다 너무 작은데, 이렇게 운영할 수 있을까요?"

"네, 작긴 하지만 운영에는 문제가 없을 겁니다. 등록 기준에 맞으면 통과되는 것 아닌가요?"

"그렇긴 합니다. 하지만 현장을 확인해 운영이 어렵다고 판단되면 반려될 수도 있습니다."

젊은 담당자는 꼼꼼하게 비품 명세서까지 점검하며 부족한 부분을 지적했고, 간판 교체를 요구하기도 했다.

"간판을 떼고 다시 사진을 보내주세요. 사회서비스 관련 명칭은 변경이 필요합니다."

예상치 못한 요청에 당황스러웠지만, 나는 차분히 말했다.

"담당자님, 간판은 등록 후 언제든지 교체가 가능한 부분인데, 등록 여부가 확정되지 않은 상태에서 비용이 드는 간판을 떼라는 건 조금 무리가 있는 것 같습니다."

내 이야기에 담당자는 잠시 당황한 듯 보였다. 현장실사 내내 꼬투리를 잡는 듯한 태도가 답답했지만, 마지막까지 원칙대로 처리해달라고 요청했다.

"담당자님, 이 지역에서 많은 평생교육원을 등록해주셨다고 알고 있습니다. 저희 기관이 작고 부족해 보일 수 있다는 점은 이해합니다. 하지만 저는 컨설팅 비용 없이 혼자 몇 달 동안 고생하며 서류를 준비했습니다. 등록 기준에 어긋나는 부분이 있다면 원칙에 따라 처리해주세요."

기대하며 시작했던 현장실사가 점점 불안으로 바뀌면서, 하지 않아도 될 말을 해버린 것 같아 아쉬움이 남았다.

며칠 동안 교육청에서 연락이 없어 등록이 되지 않은 줄 알고 체념하고 있었다. 그런데 뜻밖에 한 통의 문자가 도착했다.

'좋은 배움 평생교육원 등록증 찾아가세요. - ○○교육지원청 평생교육 담당자'

드디어 평생교육원이 등록된 것이다.

이 과정을 통해 깨달았다. 지금까지의 여정은 나 혼자만의 노력으로 이룬 것이 아니었다. 간절한 마음으로 도움을 요청했고, 그 진심이 통했기에 주변의 많은 도움을 받을 수 있었다. 그리고 성공이란 단순히 결과에만 있는 것이 아니라, 어떤 상황에서도 최선을 다해 모든 능력을 쏟아붓는 그 과정 자체가 성공임을 다시금 알게 되었다.

2. 인터넷신문 및 언론기관 부설 평생교육원 등록 절차

언론부설 평생교육원 설치

(1) 평생교육시설 유형별 설치 요건

- 원격교육형태 평생교육시설: 학습비를 받고 10명 이상의 불특정 학습자에게 30시간 이상의 교습 과정에 따라 화상강의 또는 인터넷강의 등을 통하여 지식·기술·기능 및 예능에 관한 교육을 하는 시설
- 사업장부설 평생교육시설: 백화점문화센터 등 종업원이 100명 이상인 사업장에서 당해 사업장의 고객 등을 대상으로 설치·운영할 수 있음
- 시민사회단체부설 평생교육시설: 대통령령으로 정하는 시민사회단체(법인인 시민사회단체, 법령에 따라 주무관청에 등록된 시민사회단체,

회원이 300명 이상인 시민사회단체)는 일반시민을 대상으로 하는 평생교육시설을 설치·운영할 수 있음

- 언론기관부설 평생교육시설: 신문·방송 등 언론기관을 경영하는 자는 일반 국민을 대상으로 교양의 증진과 능력 향상을 위한 평생교육시설을 설치·운영할 수 있음
- 지식·인력개발사업 관련 평생교육시설: 지식정보의 제공사업, 교육훈련 및 연구용역사업, 교육위탁사업, 교육훈련기관의 경영진단 및 평가사업, 교육자문 및 상담사업, 교수·학습프로그램의 개발 및 공급사업 등을 1년 이상 경영한 실적이 있는 자로서 자본금 또는 자산 3억 원 이상이고 전문인력을 5명 이상 확보하고 있는 법인은 평생교육시설을 설치·운영할 수 있음

(2) 언론기관 등록

먼저 언론기관으로 등록해야 한다. 여러 유형의 언론기관 중 설립 요건이 비교적 간단한 인터넷신문사를 선택하는 경우가 많다. 인터넷 신문사 등록 절차는 다음과 같다.

※ 인터넷신문

컴퓨터 등 정보처리능력을 가진 장치와 통신망을 이용하여 정치·경제·사회·문화 등에 관한 보도·논평 및 여론·정보 등을 전파하기 위

하여 간행하는 전자간행물로서 독자적 기사 생산과 지속적인 발행 등 대통령령으로 정하는 기준을 충족하는 것을 인터넷신문으로 정하고 있다.

- 인터넷신문사명 중복 확인: 설립하려는 신문사의 명칭이 기존에 등록된 명칭과 중복되지 않는지 확인(https://pds.mcst.go.kr)
- 인터넷신문 솔루션 준비: 기사 게시를 위한 웹사이트를 구축하거나 관련 솔루션을 구매 또는 임대(https://kmong.com)
- 구비서류 제출: 필요한 서류를 준비하여 관할 시청(민원과)에 제출하면 서류 심사와 현장 실사를 거쳐 등록증이 발급되기까지 약 1~2주 정도 소요됨

① 인터넷신문사 등록 서류
- 발행인 및 편집인의 기본증명서(상세)
- 발행인 및 편집인의 행정정보공동이용 사전동의서
- 발행 주체가 법인인 경우에는 정관 및 법인등기사항증명서
- 발행 주체가 단체인 경우에는 단체의 규약 및 그 설립을 증명하는 서류 1부
- 발행소 건물을 임차한 경우에는 임대차계약서 사본 1통(발행 주체가 단체 또는 개인인 경우에만 제출)
- 도메인 등록확인서

② 신청서 기재 시 주의 사항

- 신문 또는 인터넷신문의 명칭을 입력
- 신문의 간별과 종별을 입력: 인터넷신문, 간별 인터넷신문
- 인터넷 홈페이지 주소를 입력
- 법인인 경우 법인명을 입력
- 발행소의 소재지 및 전화번호 작성
- 발행인의 성명, 생년월일, 주소 작성
- 편집인의 성명, 생년월일, 주소 작성
- 인쇄인의 인쇄소 명칭, 주소, 대표자 성명, 사업자등록번호, 대표자 주소 작성
- 발행목적: 학생 및 국민을 대상으로 새롭고 생동감 있는 교육소재를 전하여 대한민국의 교육발전에 기여하고자 함
- 발행내용: 상기 발행목적에 부합되는 내용만을 기재
- 신문·인터넷신문 보급지역을 입력
- 신문·인터넷신문 주된 보급대상을 입력: 네티즌
- 유가·무가(有價·無價) 중 선택: 무가

평생교육원 설립 신고

(1) 평생교육이란?

학교의 정규 교육 과정을 제외한 학력보완교육, 성인 기초·문자해득 교육, 직업능력 향상교육, 인문교양교육, 문화예술교육, 시민참여교육 등을 포함하는 모든 형태의 조직적인 교육 활동을 말한다.

(2) 평생교육시설이란?

평생교육법에 따라 인가·등록·신고된 시설·법인 또는 단체 「학원의 설립·운영 및 과외교습에 관한 법률」에 따른 학원 중 학교 교과교습학원을 제외한 평생직업교육을 실시하는 학원 그 밖에 다른 법령에 따라 평생교육을 주된 목적으로 하는 시설·법인 또는 단체

(3) 언론기관부설 평생교육시설(평생교육법 제37조, 동시행령 제66조)

- 「신문 등의 진흥에 관한 법률」 제9조 1항에 따라 등록한 일간신문·주간신문·인터넷신문 및 「잡지 등 정기간행물의 진흥에 관한

법률」 제15조 1항에 따라 등록한 월간잡지를 발행하는 자

- 「방송법」 제2조 제1호에 따른 방송을 하는 법인
- 「뉴스·통신진흥에 관한 법률」 제8조에 따라 등록한 뉴스통신사업을 경영하는 법인
- 인터넷신문사 등록 후, 해당 언론기관 부설 평생교육원 설립을 위해 관할 교육청에 신고해야 함
- 신고 절차
  - 신청서 제출: 신청서와 관련 서류를 준비하여 관할 교육청에 제출
  - 서류 검토 및 결격사유 조회: 설치자의 결격사유, 성범죄경력 등을 조회함
  - 현장 실사: 교육 시설의 소방 점검 및 현장 실사를 통해 시설 요건 충족 여부를 확인함
  - 신고증 교부: 모든 절차가 완료되면 평생교육시설 신고증이 교부됨
  - 배상책임보험 가입: 1인당 1.5억 원, 1사고당 10억 원 이상의 배상책임보험에 가입하고, 증명서를 제출해야 함

(4) 설립 요건 확인

평생교육원 설립을 위해 다음 요건을 충족해야 한다.

- 건축물 용도: 교육 시설이 위치한 건물의 용도는 건축물대장에 '제2종 근린생활시설' 또는 '교육연구시설'로 기재되어 있어야 한다. 용도가 다를 경우 용도 변경이 필요할 수 있다.
- 평생교육사 배치: 평생교육사 1명 이상을 반드시 배치해야 함
- 전문 인력 확보: 교육원 운영을 전담하는 전문 인력 5명(평생교육사 배치 대상기관 및 배치 기준 제22조 관련참고) 이상을 고용해야 하며, 4대보험 가입 증명서, 재직증명서 또는 근로계약서 등을 통해 증빙해야 함

[별표 1] <개정 2008. 6. 5.> 평생교육사의 등급별 자격요건(제16조 제2항 관련)

등급	자격 기준
평생교육사 1급	평생교육사 2급 자격증을 취득한 후, 교육과학기술부장관이 정하는 평생교육과 관련된 업무(이하 '관련업무'라 한다)에 5년 이상 종사한 경력이 있는 자로서 진흥원장이 운영하는 평생교육사 1급 승급과정을 이수한 자
평생교육사 2급	1. 「고등교육법」 제29조 및 제30조에 따른 대학원에서 교육과학기술부령으로 정하는 평생교육과 관련된 과목(이하 '관련과목'이라 한다) 중 필수과목을 15학점 이상 이수하고 석사 또는 박사학위를 취득한 자. 다만, 「고등교육법」 제2조에 따른 학교(이하 '대학'이라 한다)에서 필수과목을 이수한 경우에는 선택과목으로 필수과목 학점을 대체할 수 있다. 2. 대학, 원격대학 형태의 평생교육시설 또는 사내대학에서 관련과목을 30학점 이상 이수하고 졸업한 자 3. 대학, 원격대학 형태의 평생교육시설 또는 사내대학을 졸업한 자로서 다음 각 목의 어느 하나에 해당하는 기관에서 관련과목을 30학점 이상 이수한 자 　가. 대학, 원격대학 형태의 평생교육시설 또는 사내대학 　나. 법 제25조 제1항에 따른 평생교육사 양성기관(이하 '지정양성기관'이라 한다) 　다. 「학점인정 등에 관한 법률」에 따라 평가인정을 받은 학습과정을 운영하는 교육훈련기관 4. 평생교육사 3급 자격증을 보유하고 관련업무에 3년 이상 종사한 경력이 있는 자로서 진흥원장이나 지정양성기관이 운영하는 평생교육사 2급 승급과정을 이수한 자
평생교육사 3급	1. 대학, 원격대학 형태의 평생교육시설 또는 사내대학에서 관련과목을 21학점 이상 이수하고 졸업한 자 2. 대학, 원격대학 형태의 평생교육시설 또는 사내대학을 졸업한 자로서 다음 각 목의 어느 하나에 해당하는 기관에서 관련과목을 21학점 이상 이수한 자 　가. 대학, 원격대학 형태의 평생교육시설 또는 사내대학 　나. 지정양성기관 　다. 「학점인정 등에 관한 법률」에 따라 평가인정을 받은 학습과정을 운영하는 교육훈련기관 3. 관련업무에 2년 이상 종사한 경력이 있는 자로서 진흥원장이나 지정양성기관이 운영하는 평생교육사 3급 양성과정을 이수한 자 4. 관련업무에 1년 이상 종사한 경력이 있는 공무원 및 「초·중등교육법」 제2조 제2호부터 제6호까지 또는 학력인정 평생교육시설의 교원으로서 진흥원장이나 지정양성기관이 운영하는 평생교육사 3급 양성과정을 이수한 자

배치대상	배치 기준
진흥원, 시·도진흥원	• 1급 평생교육사 1명 이상을 포함한 5명 이상
시·군·구평생학습관	• 정규직원 20명 이상: 1급 또는 2급 평생교육사 1명을 포함한 2명 이상 • 정규직원 20명 미만: 1급 또는 2급 평생교육사 1명 이상
법 제30조에서 제38조까지의 규정에 따른 평생교육시설(학력인정 평생교육시설은 제외한다),「학점인정 등에 관한 법률」제3조 제1항에 따라 평가인정을 받은 학습과정을 운영하는 교육훈련기관 및 법 제2조 제2호다목의 시설·법인 또는 단체	• 평생교육사 1명 이상

(5) 교육 과정 및 시설 기준

• 교육 대상: 불특정 다수의 성인을 대상으로 해야 하며, 유아, 초·중·고 학생, 장애인을 대상으로 하는 교육 과정은 운영할 수 없다.

• 교육 과정 제한: 보건, 의료, 종교 관련 교습 과정은 포함할 수 없다.

• 시설 기준: 급수, 냉·난방, 채광, 조명, 환기, 방음 등이 적절해야 하며, 소방안전 기준을 충족해야 함. 강의실은 최소 10㎡ 이상의 면적을 확보해야 함

(6) 평생교육원 등록 구비서류

① 평생교육시설신고서 작성 및 아래 붙임 서류 첨부
- 운영규칙 1부: 교육 과정 편성표, 학습비 내역서 포함
- 위치도 1부: 평생교육시설의 주된 사무실 약도
- 시설배치도 1부: 사무실·교육실 평면도
- 평생교육사 배치현황 1부: 이력서, 고용계약서, 자격증 사본, 주민등록초본
- 설치자가 개인인 경우에는 이력서 및 주민등록초본 각 1부
- 설치자가 법인인 경우에는 정관, 법인등기부등본(법인등기부 제출 생략 가능) 및 설립에 관한 총회 또는 이사회 회의록 사본 각 1부
  - 언론기관일 경우 문화관광부의 정기간행물 발행 등록증 첨부
  - 방송법인일 경우 방송법 제2조 제1호의 규정에 의한 관련 등록증 첨부
  - 정관·법인등기부등본에 '평생교육시설 운영' 사항 명시
  - 회의록에 '평생교육시설 운영에 관한 안건' 심의·의결한 내용 명시
- 재산목록 및 그 입증서류 각 1부
  - 평생교육시설의 자산, 시설, 설비, 직원현황 및 그 입증서류

  ### ※ 입증서류란?
  - 자산: 등기부등본 또는 통장사본
  - 시설: 자가의 경우 건물등기부등본(설치자 명의), 임대의 경우 등

기부등본, 임대차계약서 사본(건물사용승락서)

 - 설비: 교육기자재와 비품의 세금계산서, 기타 증명서류 사본 또
   는 사진

 - 직원: 재직증명서

• 평생교육시설의 재산이 다른 사람의 소유인 경우에는 그 재산의
  사용에 관한 전세 또는 임대차계약서의 사본 1부

② 참고 사항

• 서류는 관할 교육청에 따라 요구 사항이 다를 수 있으므로, 사전
  에 교육청에 문의하여 최신 정보를 확인하는 것이 중요함

• 모든 서류는 최근 3개월 이내 발급본으로 준비

• 서류의 일부는 공증 또는 원본 제출이 요구될 수 있음(원본대조필
  및 간인 날인 요망)

• 설비현황과 사진은 품목별(각 사진) 일치시켜야 함

• 초본은 원본이 필요함

• 같은 층수에 여러 학원이 있다면 정확한 호수를 알기 위해 건축
  물 현황도 필요함

• 관할 교육청의 안내에 따라 서류를 준비하면 평생교육원 등록
  절차를 원활히 진행할 수 있다.

제4장

작은도서관 등록 절차

1. 책과 사람이 모이는 공간: 작은도서관의 풍경

2014년, 사회서비스 기관을 처음 시작했을 때의 일이다.

"원장님, 대기하는 동안 책 좀 읽을 수 있을까요?"

토요일마다 진행되는 '동화야놀자'와 '해양역사문화체험아카데미' 수업으로 아이들로 북적이던 날이었다. 수업 시간은 짧게는 50분, 길게는 2시간 정도 진행되었는데, 부모님들은 기다리는 동안 무료해하시거나, 시간이 오래 걸릴 것 같아 잠시 다른 일을 보러 나갔다가 수업이 끝난 후에도 아이들을 데리러 오지 않아 아이들이 오랫동안 기다리는 일이 가끔 있었다.

그 모습을 보며 부모님과 아이들이 대기하는 공간에 작은 책장을 두기로 했다. 집에서 읽었던 책들을 가져다놓기 시작했는데, 어릴 적부터 책을 좋아해 모아둔 책들이 꽤 많았던 덕분에 금세 책장이 그럴듯해졌다. 본격적으로 도서관의 모습을 갖추기 시작한 것은 2015년부터다.

"원장님, 저희 집에 읽지 않는 책들이 꽤 있는데, 필요하시면 기증할게요."

대기 중에 책을 읽고 계시던 한 어머님께서 뜻밖의 제안을 해주셨다. 너무 감사한 마음에 미소 지으며 답했다.

"정말 감사합니다, 어머님. 보내주시면 저희에게 큰 도움이 될 것 같아요."

그렇게 이야기하고는 잊고 있었는데, 얼마 후 그 어머님이 양팔 가득 책을 들고 나타나셨다.

"이게 뭐예요?"

"아래층에 4묶음 더 있어요. 버리기는 아깝고, 중고로 팔자니 아이들 추억이 담겨 있어 팔지도 못하던 참에 잘된 것 같아 가져왔어요."

그렇게 대기실에 50여 권의 책이 들어왔다.

"아이가 어릴 때 보던 책이랑 교구 장난감이 있는데 필요하시면 드릴까요?"

책 정리를 도와주시던 다른 어머님께서도 한마디 덧붙이셨다. 그렇게 책들이 하나둘 모이기 시작했고, 몇 권으로 시작했던 책이 어느새 수백 권에 이르렀다. 더 이상 정리할 수 없어 책장을 두 개나 추가로 마련했다.

"책 좀 빌려 가도 될까요? 재미있는데 지금 집에 가야 해서요."

책을 빌려달라고 요청하는 학부모님들도 생기기 시작했다. 처음에는 몇 권만 메모를 남기고 빌려드렸는데, 점점 다양한 책들이 모이면서 부모님과 학생들이 책을 빌려 가는 일이 늘어났다. 때로는 바우처 수업과 관계없이 소문을 듣고 개인적으로 책을 빌려 가는 분들도 있었다.

아이들 책부터 어른들을 위한 책까지 모이다 보니 어느새 책이 2,000여 권에 달했다. 작지 않은 대기실이었지만 책들로 꽉 차 더는 기증을 받을 수 없는 상황이 되었다.

"원장님, 이럴 바에는 차라리 도서관으로 등록하시지요?"

지인이 지나가는 말로 건넨 이야기였다.

"도서관이요? 아휴, 그런 걸 제가 어떻게 해요. 도서관은 아무나 운영할 수 있는 게 아니잖아요."

"제가 수업 중인 곳이 작은도서관인데요, 원장님처럼 운영하시는 곳들도 많아요."

지인은 작은도서관에 대해 자세히 설명해주었다. 그 이야기를 듣고 나니, 나도 한번 도전해볼 수 있지 않을까 하는 생각이 들었다.

2015년은 그야말로 정신없이 바쁜 한 해였다. 교육원 등록, 사회적 협동조합 설립, 그리고 배움카드로 수업을 들을 수 있는 직업훈련과정 등록까지, 틈틈이 정부와 시에서 운영하는 사업을 알아보고 설립과 허가를 받으며 지냈다.

"작은도서관도 한번 등록해볼까?"

지금 돌아보면, 그때의 나는 마음만 먹으면 뭐든 할 수 있을 거라고 믿었던 것 같다. 서류 준비는 의외로 간단했다. 책을 읽을 수 있는 공간을 마련하면 됐고, 책을 좋아하는 사람들이 자연스럽게 모이면서 도서 대여는 자연스러운 흐름이 되었다. 다양한 프로그램을 운영하면서 점점 더 많은 사람들이 도서관을 찾기 시작했다.

그런데 제일 활기차고 행복했어야 할 그 시기에, 나는 몸과 마음이

지쳐가며 점점 열정과 성취감을 잃어가고 있었다. 방과후 강사로 활동하며 교육원을 운영하는 것만으로도 벅찼는데, 거기에 도서관 운영까지 더해지니 모든 것이 부담스럽게 느껴졌다. 책을 관리하고 대여하며, 다양한 프로그램을 기획하고 진행하는 일들이 하나둘 쌓이면서 점점 무거운 짐처럼 다가왔다.

사실 작은도서관 등록은 내가 간절히 원해서 시작한 일이 아니었다. 주변의 권유로 시작한 일이었기에 점차 '해야만 하는 일'로 변해갔고, 바쁜 일정 속에서 점점 소홀해지면서 스트레스가 쌓이기 시작했다. 결국 모든 일을 정리해야겠다고 결심했고, 등록한 지 1년 6개월 만에 도서관을 폐관하게 되었다.

운영이 잘되던 도서관을 닫는다고 했을 때, 많은 사람들이 아쉬워했다. 그리고 도서관을 정리한 지 9년이 지난 지금도 가끔 책을 빌려 보고 싶다며 연락이 온다. 어디서 알게 되었는지도 모를 사람들이 문의할 때마다, 자연스럽게 그때의 기억이 떠오른다.

이번에 이 글을 쓰면서 다시 작은도서관 사이트를 방문해보았다. 세월이 흘러도 등록 절차는 여전히 간단했고, 필요한 정보를 알면 누구나 도전할 수 있을 만큼 접근이 쉬웠다. 과거를 돌아보니 그때의 경험이 지금에서야 더욱 소중하게 다가왔다.

2. 작은도서관 등록 절차

준비사항 확인

- 공간 요건
  - 최소 33㎡(약 10평) 이상의 공간 필요
  - 독서 및 자료 보관, 열람 공간 등이 확보되어야 함
  - 접근성(엘리베이터, 경사로 등) 고려
- 도서 요건
  - 최소 1,000권 이상의 도서 필요
  - 다양한 연령층과 주제를 포함한 자료 준비
- 운영 계획
  - 운영 시간: 주 5일 이상, 일 3시간 이상 운영
  - 관리자 확보: 전담 인력 1명 이상 필요

(1) 관련 법령 및 규정 검토

- 「작은도서관 진흥법」 및 지방자치단체의 관련 규정 확인
- 지역별로 추가 요건(예: 소방안전 규정, 위생 조건 등)이 있을 수 있음

(2) 등록 신청 준비

① 필요 서류 준비
- 작은도서관 등록 신청서(관할 행정기관 제공 양식)
- 작은도서관 운영 계획서
- 도서관 평면도 및 공간 사진
- 소장 도서 목록
- 도서관 운영 예산 계획
- 시설 사용 허가 또는 임대 계약서(해당 시)

② 관할 행정기관 확인
- 도서관 위치에 따라 시·군·구청 문화 관련 부서에 문의

등록 신청 절차

- 관할 부서에 서류 제출: 도서관 소재지의 시청 또는 구청 문화·도서관 관련 부서에 방문 또는 우편 제출
- 현장 실사: 담당 공무원이 도서관 현장을 방문하여 시설 및 운영 요건 충족 여부 확인
- 등록 승인 및 인증서 발급: 등록이 승인되면 '작은도서관 등록증'이 발급됨, 이 과정은 보통 1~2개월 소요

(1) 등록 후 관리

① 운영 보고
- 연간 운영 현황 보고서를 제출해야 할 수 있음
- 소장 도서 및 운영 시간, 인력 현황 업데이트

② 지원사업 신청
- 등록 후 정부나 지방자치단체의 작은도서관 지원사업(운영비, 도서 구입비 등)에 신청 가능

(2) 참고 사항

- 일부 지역은 온라인으로 등록 신청이 가능할 수 있으니, 해당 지역의 도서관 포털을 확인
- 등록 요건 및 절차는 관할 지방자치단체에 따라 다를 수 있으므로, 반드시 해당 행정기관에 사전 문의하는 것이 중요

(3) 관련 기관 문의

- 국립중앙도서관 작은도서관 지원센터: 전국 작은도서관 관련 정보 제공
- 관할 시·군·구청 문화, 도서관 담당 부서: 지역별 등록 및 지원 안내
- 작은도서관 등록 후에는 지역 주민들과 함께하는 프로그램 운영과 지속적인 홍보를 통해 도서관 활성화를 도모할 수 있다.

※ 참고

https://www.smalllibrary.org

제5장
민간자격정보서비스(PQI)
등록 절차

1. 열정과 진심으로 만든
선한 영향력

"선생님, 혹시 아동요리 자격증 발급받을 수 있는 곳 아세요?"

방과후 수업을 진행하는 요리 선생님이 조심스럽게 물으셨다.

"왜요? 자격증 있으시잖아요."

방과후 수업을 위해선 관련 자격증이 꼭 필요했기에 의아해서 물었다.

"얼마 전에 처음으로 아동요리 강사 양성과정을 진행했거든요. 그런데 소속 단체에서 자격증을 발급받으려니까 발급비가 너무 비싸고, 단체 가입비까지 내야 한다고 해서요."

자세히 들어보니 자격증 발급비만 20만 원이 넘고, 단체 가입비로도 30만 원을 요구한다고 했다.

"그게 그렇게 비쌀 일인가요? 그냥 종이 한 장인데, 너무하네요."

선생님은 눈물을 글썽이며 하소연하셨다. 그 모습을 보며 마음이 무거워졌다. 마침 지인의 소개로 비영리단체를 등록하는 방법을 알게된 때라, 어떻게든 도와드리고 싶다는 생각이 들었다.

"선생님, 제가 조금 도와드릴게요. 하지만 한 가지 부탁이 있어요. 선생님이 속했던 단체처럼 사람들을 이용하지 마시고, 저처럼 도움받은 것을 많은 분들에게 베풀어주세요."

그렇게 요리 선생님이 비영리단체를 등록하고 자격증을 발급할 수 있도록 무료로 지원했다.

그 후 6개월쯤 지나, 그 요리 선생님에 대한 소문이 퍼지면서 예상치 못한 일이 생겼다. 한동안 힘든 시간을 보냈고, 결국 결심했다.

'앞으로는 진심으로 필요한 사람에게만, 신중하게 도움을 주자.'

그 경험은 단순한 호의도 큰 책임을 수반한다는 것을 가르쳐주었다. 도움은 신뢰와 진정성을 바탕으로 이루어져야 한다는 교훈을 얻은 소중한 시간이었다.

그분은 내가 도움을 줘 설립한 비영리단체에서 강사들에게 50만 원의 가입비를 받고, 자격증 발급비로 20만 원을 받고 있다고 했다.

'분명히 베풀겠다고 하셨는데, 내가 잘못 들은 걸까?'

황급히 전화를 걸었지만, 그분은 내 전화를 받지 않았다.

처음엔 간절한 마음으로 시작했던 일이 명예로 변하자, 단체에 소속된 사람들을 종속시키고 그들 위에 군림하려는 모습으로 변해 있었다. 과거에 자신이 이용당했던 것처럼, 이제는 다른 사람을 이용하는 사람이 되어버린 것이다.

이 글을 읽는 강사분들 중에서도 여러 자격증 과정을 수료하고 자격증을 발급받은 경험이 있을 것이다. 하지만 자격증은 그 사람이 해당 직무를 이해했다는 것을 보여주는 종이일 뿐, 그 사람의 능력을 증명하는 것은 아닌 것 같다.

그동안 자격증 컨설팅을 요청하며 큰 금액을 제안한 사람들이 많았다. 하지만 나는 정말 도움을 드리고 싶다고 느껴지는 분들에게만 손을 내밀었다. 자격증을 가지고 장난치지 않을, 신뢰할 수 있는 분들이었다. 이 책을 쓰면서 가장 고민했던 부분은 민간자격증 등록 절차를 다루는 것이었다. 그럼에도 이 내용을 포함한 이유는, 내가 컨설팅을 도왔던 분들이 지금도 각자의 자리에서 열심히 수업하고, 강사를 양성하며 성실하게 자신의 일을 해내고 있기 때문이다. 그들의 노력과 진심은, 그들이 나를 믿고 도움을 요청했던 순간을 의미 있게 만들어주고 있다.

비영리단체를 만들어드리면서, 단순히 행정적인 지원을 넘어 그 과정에서 많은 것을 느낄 수 있었다. 처음에는 도와드린다는 마음으로 시작했지만, 점점 이 일이 단순한 도움을 넘어 그분들의 꿈을 실현하고 더 나아가 많은 사람들에게 선한 영향을 미칠 수 있는 기반을 마련해주는 일이라는 걸 깨달았다.

비영리단체를 설립하는 과정은 시간과 정성이 많이 들어가는 작업이다. 하지만 그 과정에서 느낀 건, 누군가의 진심과 열정을 믿고 함께한다는 것이 얼마나 보람 있는 일인가 하는 것이었다. 그분들이 가진 비전을 구체화하고, 이를 현실로 만들어가는 데 조금이라도 기여할 수 있었다는 사실은 나에게도 큰 기쁨으로 다가왔다.

특히, 단체가 만들어진 후 그분들이 자신만의 방식으로 사람들을 돕고, 그 안에서 새로운 가치를 만들어가는 모습을 지켜보며 정말 잘한 선택이었다고 느꼈다. 단순히 행정적인 절차를 넘어서, 이 일이 그분의 꿈을 현실로 만드는 데 작은 디딤돌이 되었다는 생각에 내 마음도 뿌듯했다.

이 과정을 통해 깨달은 건, 누군가의 시작을 도울 수 있다는 것이 얼마나 큰 책임이자 축복인가 하는 점이다. 나의 작은 노력이 다른 사람에게 큰 변화의 시작이 될 수 있다는 걸 알게 되었고, 앞으로도 이런 기회를 소중히 여기고 싶다는 다짐을 하게 되었다.

결국, 비영리단체를 만드는 일은 단순히 조직을 설립하는 것을 넘어, 사람들의 열정과 꿈에 함께하는 과정이라는 것을 깊이 느낄 수 있었다.

2. 민간자격증 등록 절차

민간자격 등록이란?

민간자격 등록은 민간자격관리자가 민간자격을 신설하여 관리·운영하는 경우 등록관리기관에 등록하는 것으로서, 등록대장에 자격의 종목명 및 등급, 자격의 관리운영기관에 관한 사항, 등록의 신청일 및 등록결정일 등을 기재하는 일련의 행정절차를 말한다.

민간자격증 등록 요건

- 자격관리기관 설립: 자격증을 운영하려는 단체 또는 기관이 법인 형태여야 하며, 개인은 등록 불가
- 운영 능력 증빙: 자격증 운영 및 관리를 위한 재정적, 인적, 시설

적 기반이 있어야 함

- 공공성 보장: 자격증은 사회적으로 유용하고 공공의 이익에 부합해야 함

민간자격 등록 절차

(1) 자격관리기관 설립

- 법인을 설립하거나 기존 법인(비영리법인, 협회 등)을 활용
- 법인 설립 후 사업자등록증 발급

(2) 민간자격 등록 신청

- 신청기관: 민간자격정보서비스(Q-NET)를 통해 신청
- 민간자격등록 순서
  - 민간자격관리자가 한국직업능력연구원에 등록 신청
  - 한국직업능력연구원은 자격관리자 결격사유에 해당하는지 확인한 후 관계중앙행정기관에 금지분야 해당 여부 및 민간자격

명칭 사용 가능여부 확인 요청

- 관계중앙행정기관은 금지분야 해당 여부 및 명칭 사용 가능 여부 회신

- 한국직업능력연구원에서 등록대장 기재 및 등록증 발급· 신청 방법

- 온라인 등록 신청. 관련 서류를 작성 및 첨부하여 제출

※ 민간자격등록 사이트 가입 방법

회원가입 시	사업자등록증 (또는 고유번호증) 1부
	법인: 법인등기부등본 1부 개인·단체(미등기): 대표자 주민등록초본 1부
	검정시설·장비를 포함한 재산목록 및 재산의 권리관계를 증명할 수 있는 서류 1부 • 소유: 부동산등기부등본 / 임대: 임대차계약서 • 기타 무상사용 등: 상기 서류 및 장소 사용에 관한 당사자 간 협약서
	(법인기관만 해당) 민간자격관리자 결격사유확인서 1부 • 민간자격정보서비스 홈페이지 [정보마당 → 양식 및 서식]에서 '결격사유확인서 양식' 다운로드 • 법인등기부등본상 대표자 외 모든 등기 임원 작성
등록 시	민간자격관리운영규정 1부 • 등록 신청 민간자격의 관리·운영에 관한 규정(예시 참조)
	(해당 자격만 제출) 자격 취득을 위한 필수 교육 과정을 직접 운영시 해당 교육 과정 운영에 관한 인가·등록·신고 사실을 증명할 수 있는 서류 1부 • 「평생교육법」: 평생교육시설 신고증, 장애인평생교육시설 등록증, 학교형태의 평생교육시설 등록증, 학력인정시설 지정서, 문해교육프로그램 지정서 등 • 「학원의 설립·운영 및 과외교습에 관한 법률」: 학원 설립·운영등록증명서, 교습소설립·운영신고증명서, 개인과외 교습자 신고증명서 등 • 「수상레저안전법」: 면허시험 면제교육기관 지정서, 수상레저교육사업 등록증 등

※ 서류별 발급처 및 발급 방법

구비서류	발급처	발급 방법
사업자등록증 (고유번호증)	세무서	사업장주소 관할 세무서에서 발급 (주소로 관할세무서 찾는 방법: http:// www.nts.go.kr)
법인등기부등본	등기소	소재지 관할 등기소를 방문하여 발급 (홈페이지를 통한 발급: 대법원 인터넷등기 소 http://www.iros.go.kr/PMainJ.jsp / 정 부24 https://www.gov.kr)
부동산등기부등본		
평생교육시설 신고증 및 등록증, 지정서 등	관할 교육지원청	소재지 관할 교육지원청을 방문하거 나 우편을 통하여 신고 및 신청
학원 및 교습소 등록증 및 신고증	관할 교육지원청	소재지 관할 교육지원청을 방문하여 신청 및 신고
수상레저교육사업 등록증	해양경찰청	소재지 관할 시군구 또는 해양경찰서 를 방문하여 신고

(3) 제출 서류

- 민간자격 등록 신청서: 자격증 명칭, 목적, 대상, 시험 기준 등을 포함
- 자격관리·운영 규정: 자격증의 운영 방법, 시험 과정, 인증 절차 등을 규정
- 법인등기부등본: 자격증을 운영할 단체가 법인임을 증명
- 사업자등록증 사본: 자격증 운영 주체의 등록 정보
- 자격검정기준 및 시행계획서: 시험 내용, 평가 기준, 출제 방식,

검정 과정 등의 상세 내용

- 운영 인력 및 예산 계획서: 자격증 관리를 위한 인력(강사, 시험 감독 등) 및 예산 운용 계획
- 교육 과정 개발 자료: 자격증과 관련된 교재, 교육 자료, 학습 계획

(4) 심사

- 제출한 서류를 바탕으로 자격증의 공공성, 운영 적합성, 관리 체계 등을 심사
- 심사 기간: 약 1~3개월 소요(기관 및 심사 내용에 따라 다름)

(5) 등록 완료

- 등록 승인 시 민간자격증 등록번호 발급
- 민간자격정보서비스에 등록 및 공개

(6) 운영 개시

- 자격증 발급, 교육 및 검정 과정 운영 시작

- 등록된 자격증은 관련 기관에서 정기적인 관리·감독을 받을 수 있음

(7) 운영 시 유의사항

- 소비자 보호: 자격증 교육 과정과 시험에 대한 정보를 투명하게 제공해야 함
- 불공정 행위 금지: 허위 과장 광고, 강매 등 금지
- 정보 공개: 자격증 운영과 관련된 정보를 민간자격정보서비스에 정기적으로 갱신
- 민간자격증 표시: 등록된 민간자격증임을 증명하기 위해 등록번호와 함께 표시
- 민간자격증은 국가에서 공인하는 국가자격증과는 구분되며, 소비자에게 자격증의 성격을 명확히 안내
- 등록 후에도 관할 기관의 정기적인 점검을 통해 자격 운영 상태를 평가받을 수 있음
- 자격증 등록 후에도 지속적인 관리와 신뢰도를 높이는 운영이 중요함

민간자격 등록 기준 및 등록 절차

(1) 신청 주체 및 대상

- 신청 주체: 자격기본법 제17조 제2항에 따라 '민간자격을 신설하여 관리·운영하려는 자'로 규정(민간자격을 신설하여 관리·운영하려는 자는 단순히 자격검정 업무의 일부를 관리·운영하는 자가 아닌 '민간자격을 발급하는 자'를 의미)
- 신청 대상: 국가 외의 법인·단체 또는 개인이 신설하여 관리·운영하려는 민간자격
- 민간자격 등록 기준

구분	신청자격의 금지대상 여부	결격사유 해당 여부
등록 기준	• '자격명칭'이 「자격기본법」 제14조 및 기타 관계 법령상 명칭 사용 금지대상에 해당하지 않은 경우 • '자격검정'이 「자격기본법」 제17조 제1항 각호의 금지분야에 해당하지 않는 경우	• '민간자격관리자(대표자)'가 「자격기본법」 제18조 각호의 결격사유에 해당하지 않는 경우
검토 방법	• 소관 주무부장관*이 상기 기준에 따라 금지 여부 검토 • 주무부장관은 금지분야 또는 명칭금지 해당 여부에 따라 등록 가부를 결정	• 민간자격관리자의 등록기준지(구본적지) 관할 행정기관에 조회 • 주무부장관은 결격사유 해당 여부에 따라 등록 가부를 결정
관련 법령	• 「자격기본법」 제14조 및 제17조 • 「국가기술자격법」 및 국가자격관련개별법령 등	• 「자격기본법」 제18조
비고	• 주무부처별 '민간자격 신설 금지분야 세부사항 공고' 참조 * 민간자격정보서비스 홈페이지 > 정보마당 > 금지분야 공고 게시판 확인 가능	• 「자격기본법」 제18조5호에 따른 법인임원은 제출 서류 '결격사유확인서'로 갈음

※ 주무부장관 지정 오류 시 '다른 부처' 또는 '민간자격등록관리자문위원회'로 이송되며, 이에 따라 검토기간이 다소 지연될 수 있음

(2) 민간자격 등록 절차 및 소요기간

구분	처리 기관	내용	소요기간
1단계	직능연	등록 신청 자격의 제출 서류 확인 및 접수	1개월 내외
2단계	주무부장관	민간자격 금지분야 및 명칭금지 해당 여부 검토	2개월 내외
	등록기준지 관할 행정 기관	민간자격관리자(대표자) 결격사유 회보	
	주무부장관	금지 여부 검토 및 결격사유 조회 결과에 따라 민간자격 등록가부 결정	
3단계	직능연	(등록) 등록결과 안내 및 등록면허세 납부 안내	1개월 내외
	주무부장관	(등록불가) 등록불가 통보 (※ 주무부장관 요청시 직능연이 전달)	
4단계	신청인	(등록) 사업장소재지관할지방자치단체에 등록면허세 납부 및 납부확인서 제출	
5단계	직능연	(등록) 납부확인서 확인 등록증 발급	

(3) 등록면허세 납부 및 납부확인서 제출 방법

「지방세법」 제35조에 따라, 다음과 같이 민간자격 등록면허세를 납부해야 한다.

- 민간자격 등록 건당 등록면허세 [수시분]을 신고 납부하여야 함
- 기존 등록 민간자격의 유지(연간) 건당 등록면허세 [정기분]을 납부하여야 함
- 과세단위별(기관 소재지 기준) 세율(지방세법 제34조)

(4) 민간자격 분야별 소관 주무부장관

(제2조 제5항 관련) 자격기본법 시행규칙 [별표] <개정 2021. 3. 16.>	
기획재정부장관	경제교육 및 외환 관련 분야
기획재정부장관(국세청장)	세무 관련 분야
기획재정부장관(관세청장)	보세, 수출입 화물관리, 수출입통관 및 원산지관리 관련 분야
기획재정부장관(조달청장)	전자입찰, 조달 및 물품구매 관련 분야
기획재정부장관(통계청장)	통계의 기준 설정, 인구조사 및 각종 통계 관련 분야
교육부장관	인적자원개발(외국어 관련), 학교교육(유아교육, 초중등교육, 미술음악교육, 특수교육, 독서논술, 영재교육 등), 평생교육, 학술, 기초과학(대학 관련), 진로, 상담 및 인성 관련 분야
과학기술정보통신부장관	기초과학(연구기관 관련), 과학기술 진흥, 정보통신산업, 정보보호, 방송·통신및 전파 연구·관리 관련 분야
외교부장관	외교, 경제외교 및 국제경제협력외교, 조약 그 밖의 국제협정, 재외국민의 보호, 재외동포의 지원, 국제정세의 조사·분석 관련 분야
통일부장관	남북대화·교류·협력, 통일교육 관련 분야
법무부장관	법무실무, 범죄예방 및 피해 상담 관련 분야
국방부장관	국방, 군사 관련 분야
국방부장관(병무청장)	징집 및 소집 관련 분야
국방부장관(방위사업청장)	방위력 개선사업, 군수물자 조달 및 방위산업 육성 관련 분야
행정안전부장관	행정관리, 정보시스템관리, 옥외광고, 정책분석평가, 안전교육 지도·관리, 방재 및 안전관리 관련 분야
행정안전부장관(경찰청장)	산업보안, 경비 및 경호 관련 분야
행정안전부장관(소방청장)	소방 및 구조·구급 관련 분야
문화체육관광부장관	문화, 예술, 영상, 광고, 출판, 간행물, 체육, 관광, 게임·영상 콘텐츠, 종교, 여가 및 레저 관련 분야
문화체육관광부장관 (문화재청장)	문화재 보존, 문화재 조사 및 문화재 수리 관련 분야
농림축산식품부장관	농산·축산, 가축위생, 식량·농지·수리(水利), 식품산업, 농촌 개발 및 농산물유통 관련 분야
농림축산식품부장관 (농촌진흥청장)	농업자재 관리, 농업기술 및 농촌 진흥 관련 분야
농림축산식품부장관 (산림청장)	산림자원, 산림경영, 산림이용 및 산림보호 분야

주무부장관	민간자격 분야
산업통상자원부장관	상업·무역·공업, 기술, 에너지, 품질관리, 산업환경, 섬유, 기계 항공, 철강화학, 디자인브랜드, 전력산업, 광물자원, 산업기술 및 에너지·지하자원 관련 분야
산업통상자원부장관(특허청장)	특허·실용신안·디자인 및 상표 관련 분야
보건복지부장관	보건위생, 생활보호, 자활지원, 사회보장, 보험심사, 아동(영유아 보육을 포함한다)·노인·장애인 및 보건산업기술 관련 분야
보건복지부장관(질병관리청장)	방역·검역 등 감염병 관련 분야, 각종 질병 관련 분야
환경부장관	자연환경·생활환경의 보전, 환경오염 방지, 폐기물 관리 및 재활용 관리 관련 분야
환경부장관(기상청장)	기상 관련 분야
고용노동부장관	사무관련 역량, 고용정책, 고용보험, 직업능력개발훈련, 근로조건, 근로자의 복지후생, 노사관계 및 산업재해보상 관련 분야
여성가족부장관	여성정책, 여성권익 증진, 청소년 및 가족(다문화가족과 건강가정 사업을 위한 아동업무를 포함한다) 관련 분야
국토교통부장관	도시·도로 및 주택의건설, 도로교통, 철도기술, 항공안전, 수자원관리, 조경, 건축·건설 및 지적(地籍) 관련 분야
해양수산부장관	해양환경, 해양조사, 해양자원개발, 해양안전심판, 어촌개발, 수산물유통 및 수산 관련 분야
해양수산부장관 (해양경찰청장)	해양경비, 해양안전관리, 해양구조 및 구급, 수상레저안전 및 해양오염방제 관련 분야
중소벤처기업부장관	창업 및 중소기업 경영·기술 지도 관련 분야
법제처장	법령입안·심사·법령해석 등 법제실무 및 법제분야 정보화 관련 분야
식품의약품안전처장	식품관리, 의약품 관리 및 의료기기 관련 분야
국가보훈처장	국가유공자 및 제대군인의 보상·보호 및 보훈 관련 분야
인사혁신처장	공무원의 인사·윤리·복무 및 연금 관련 분야
방송통신위원회위원장	인터넷, 멀티미디어 및 방송광고 관련 분야
공정거래위원회위원장	소비자보호 관련 분야
금융위원회위원장	금융서비스, 회계, 보험 및 손해사정 관련 분야
국민권익위원회위원장	고충처리 및 부패방지 관련 분야
개인정보보호위원회위원장	개인정보 보호 관련 분야
원자력안전위원회위원장	원자력 및 방사선의 안전 관련 분야
감사원장	감사 관련 분야
비고: 정부조직법 등 관련 법령 개정으로 민간자격의 주무부장관이 변경되는 경우에는 개정된 법령에 따라 민간자격의 주무부장관을 판단한다.	

※ 참고

민간자격정보서비스(Q-NET): www.pqi.or.kr

제6장

출판업 등록 절차

1. 47권의 ISBN, 나 홀로 시작한 출판 여정

    나는 부산 지역에서 방과후 주산암산 강사로 활동하시는 선생님들의 단체를 이끌고 있다. 단체에 소속된 선생님들은 모두 공통으로 같은 교재를 활용하고 있다.

    2020년, 부산 지역 초등학교 방과후 수업에서 교재 사용과 관련된 새로운 규정이 생겼다. 「출판문화산업 진흥법」에 따라 신고된 출판사 교재만 사용할 수 있으며, 강사와 교재 판매 업체 간의 직접 거래는 금지되었다. 대신 지역 서점이나 온라인으로 구입할 수 있는 교재만을 사용해야 하고, 강사가 자체 개발한 교재도 사업자 등록 없이 판매할 수 없도록 제한되었다. 그동안 별다른 문제 없이 사용해오던 교재들이 새 규정으로 인해 검토 대상이 되었다.

    내가 사용하는 주산암산 교재는 본사가 출판업에 등록되어 있고, 정식으로 판매되고 있어 문제가 없을 것이라 생각했다. 이미 각 학교 운영위원회를 통해 방과후 수업 교재로 승인도 받은 상태였다. 그런데 교재 본사에 확인해보니, 몇 권의 책에서 ISBN(국제 표준 도서번호)이

누락된 사실이 확인되었다. 순간 머릿속이 복잡해졌다. 이미 학교 운영위원회를 통해 승인된 교재를 사용하지 못하게 될 수도 있는 상황이었고, 이를 빠르게 해결해야만 했다.

교재 본사에서는 ISBN을 등록할 수 있는 담당자가 이미 퇴사한 상태였고, 부산 지역에서는 서점 활성화 조례를 근거로 압박이 거세졌다. 누구도 해결책을 제시하지 못하는 상황에서 결국 내가 나설 수밖에 없었다. 사실 ISBN의 뜻조차 제대로 알지 못했던 내가 이 일을 맡는다는 건 큰 부담이었다. 이건 내가 해야 할 일이 아니었다. 하지만 내가 나서지 않으면, 나와 함께하는 선생님들이 난처한 상황에 처하게 될 것이 뻔했다. 마음은 급했지만, 서둘러 대충할 수는 없었다. 모든 교재를 처음부터 꼼꼼히 확인하고, 제대로 등록하자는 결심을 했다.

그렇게 시작된 일주일. 총 47권의 책 자료를 하나하나 등록하고, ISBN 승인을 받기 위해 밤낮없이 매달렸다. 짧은 기간 동안 처리해야 할 일이 너무 많아 잠도 제대로 잘 수 없었지만, 포기할 수는 없었다. 승인을 받았다는 소식을 들었을 때의 안도감은 말로 표현할 수 없었다. 모두를 위해 감당했던 이 책임감이 그 순간만큼은 값진 결과로 돌아왔다. 그 일이 없었다면, 나도 몰랐던 내 능력과 책임감을 발견하지 못했을 것이다. 그때의 힘든 경험이 이 글을 쓰는 데 이렇게 큰 도움이 될 거라고는 상상도 하지 못했다.

몇 년 전, 여러 지역에서 활발히 활동하던 시기에 주산암산 교재를 만들어보자는 제안을 여러 번 받았다. 그때도, 그리고 지금도, 단 한 번도 내가 직접 교재를 만들어야겠다고 생각해본 적이 없다. 왜냐하면 내가 사용하는 현재의 주산암산 교재를 깊이 신뢰하고 있기 때문이다. 이 교재만큼 아이들의 암산 실력을 효과적으로 향상시킬 수 있는 책은 없다고 믿고 있다.

나는 책을 읽고 글을 쓰는 것을 좋아한다. 하지만 전문적인 서적을 출판하고, 그것을 통해 이름을 알리거나 단체를 만들어 활동하는 방식은 나와 거리가 멀다. 내가 좋아하는 건 이미 훌륭하게 만들어진 교재를 활용해 아이들에게 배움을 전하는 일이다. 세상에는 이미 좋은 책들이 너무나 많다. 그런 책들을 활용하면 충분한데, 굳이 내가 직접 교재를 만들어야 할 이유는 느껴지지 않는다. 저자가 되어 내 이름을 알리거나 단체를 이끄는 삶은 내게 주어진 길이 아니다. 나는 내가 잘할 수 있는 곳에서 최선을 다하고 싶을 뿐이다.

"우와, 이 워크북 정말 대단해요! 이렇게 잘 만든 자료는 선생님들께 돈을 받고 판매하셔도 충분히 될 것 같아요."

얼마전 멘사 수학 보드게임 지도사 양성과정을 진행하는 지인이 만든 워크북을 보며 감탄이 절로 나왔다.

"그런 얘기를 하시는 분들이 있긴 한데, 사실 많이 팔릴 것 같지도 않고요. 그냥 제 수업에서 사용하는 걸로 만족하려고요."

지인의 담담한 대답에 안타까움이 밀려왔다. 몇 년간 쌓은 노하우로 만들어진 귀한 자료였을 텐데, 단순히 수업용으로만 쓰이기엔 너무 아깝다는 생각이 들었다. 꼭 판매가 목적이 아니더라도, 이렇게 훌륭한 작업이 많은 사람들에게 인정받았으면 좋겠다는 마음이 컸다.

"제가 도와드릴까요?"

그 말이 나오기까지 망설임은 없었다. 이대로 묻혀버리기엔 너무 아까운 자료였고, 이런 재능이 빛을 보지 못하는 게 아쉬웠다. 마치 내 일처럼 느껴졌고, 꼭 힘을 보태고 싶었다. 그렇게 나는 지인의 워크북을 세상에 선보일 수 있도록 등록을 도와드리기로 했다.

지인의 워크북 등록을 도와드리면서, 단순히 행정적인 일을 넘어 그 과정에서 많은 것을 느낄 수 있었다. 몇 년간의 노하우와 열정이 담긴 자료가 단지 수업 안에서만 사용되고 묻히기엔 너무 아깝다는 생각이 들었고, 그것을 더 많은 사람들에게 알리고 싶다는 마음이 커졌다.

등록 과정을 진행하며, 나는 재능과 노력이 빛을 보기 위해선 단순한 열정뿐 아니라 누군가의 작은 도움이나 계기가 얼마나 중요한 역할을 할 수 있는지 깨달았다. 그분의 워크북이 세상에 나올 수 있도록 다리를 놓은 일이 나 자신에게도 큰 의미로 다가왔다.

무엇보다, 그분이 자신의 자료를 조금 더 자신 있게 바라보게 된 모습을 보며 보람을 느꼈다. 때로는 우리가 가진 재능이나 성과를 스스로 평가하기 어려울 때가 있다. 하지만 누군가가 그것을 알아주고, 응원해주는 작은 손길이 더 큰 가능성을 열어줄 수 있다는 것을 다시 한번 실감했다.

이 일을 통해 나는 남의 재능을 돕는 일이 단순히 그 사람에게만 의미가 있는 것이 아니라, 내게도 긍정적인 에너지를 주고 성장할 기회를 만들어준다는 사실을 깊이 깨달았다. 앞으로도 이런 도움의 손길을 기꺼이 내밀 수 있는 사람이 되고 싶다.

2. 출판사 등록 절차

출판사 이름 정하기

출판사 인쇄사 검색시스템에 접속하여 같은 이름이 있는지 확인하는 작업이 필요하다.

※ 출판사 인쇄사 검색시스템

https://book.mcst.go.kr

※ 참고 사항

- 도메인 및 상표 확인: 인터넷 도메인과 상표권 등록 가능성을 반드시 확인
  - 도메인 확보: 이름과 관련된 웹사이트 주소가 사용 가능한지 확인
- 상표권 등록 가능성: 다른 출판사와 중복되지 않는지 검색

출판사 신고하기

- 사업장 또는 거주지 관할 구청에 신고(구청 담당자와 통화 후 방문), 처리기간: 신고 후 3일
- 사업자에 업종추가로 할 경우 필요 서류: 신분증, 임대차계약서 (근린생활시설2종 건축물대장확인 후 발급)
- 공부방 사업자 등록증에 업종추가로 할 경우: 주민등록증 등본, 신분증
- 1인 출판사 등록(신규로 사업자등록증을 내는 경우): 주민등록증 등본, 신분증

면허세 납부 및 출판사 신고증 발급

- 해당 구청 세무과에서 면허세 납부 고지서 발급 후 면허세 납부 (27,000원)
- 구청 담당자에게 방문하여 면허세 납부영수증을 보여주면 출판사 신고증 발급

사업자등록

- 세무서 방문 또는 홈택스 홈페이지(https://www.hometax.go.kr)를 통해 사업자 등록 및 정정
- 홈택스 > 신청/제출 > 사업자등록정정(개인) > 해당 사업자등록번호 선택 > 업종정정 선택 > 업종입력/수정 > 부업종> 업태: 정보통신업(221103) 업종: 교과서 및 학습 서적 출판업(58111)/면세

사업자 통장 발급

서점 거래를 할 때는 사업자등록증과 사업자 통장이 꼭 있어야 한다.

3. ISBN 등록 절차

ISBN이란?

ISBN은 International Standard Book Number(국제표준도서번호)의 약자로서 국제적으로 표준화된 방법에 의해 전 세계에서 생산되는 각 종 도서에 부여하는 고유한 식별번호이다.

부여대상

- 출판사에서 정기적으로 갱신하거나 무한정 계속 간행할 의도가 없는 단행본 성격의 출판물
- 인쇄 도서와 소책자(4페이지 이상)
- 표제면이나 텍스트 캡션이 있는 아트북, 도록

- 복합매체출판물(주된 구성 요소가 텍스트에 기반한 경우: CD, DVD 포함 도서)
- 단행본 형태의 체험북(컬러링 북, 글쓰기 책, 수수께끼 책, 스티커 북[1] 등)
- 점자자료
- 개별논문(기사)[2]이나 특정한 계속자료의 특별호(계속자료 전체는 대상이 아님)
- 지도
- 전자출판물(인터넷상 또는 전자매체 수록)
- 오디오북(인터넷상 또는 물리적 매체 수록)
- 교육용 소프트웨어 및 시청각 자료
- 마이크로형태 자료
- 전자책 앱, 그림과 동영상, 사운드(상당한 텍스트[3] 포함할 경우)

※ 참고

- [1] 스티커 북의 경우 정보성 기반 텍스트가 포함되어 있으며, 낱장의 스티커 형태가 아닌 경우
- [2] 개별논문을 출판사에서 별도로 사용할 수 있도록 제작한 경우, 이들 논문은 단행본 성격의 출판물로 취급되며 ISBN을 부여받게 된다. 단, 논문의 저자 자신이 배포할 의도로 발췌 인쇄하였거나 출판 전 배포기사로 인쇄한 경우에는 여기에 해당되지 않음
- [3] 정보성 기반 텍스트가 전체 본문의 30% 이상인 경우

ISBN 발급받기

ISBN 발급은 국립중앙도서관(https://www.nl.go.kr/seoji) 홈페이지에서 진행한다.

- 계정등록(출판사 등록증 참고하여 등록)
- 발행자번호 신청(6자리 배정): 발행처 요건을 충족하는 발행자에게 ISBN 한국 대표기관인 한국서지표준센터에서 발행자번호를 배정하는 절차
- 발행처 요건
  - 일반 영리단체: 국내 관할 시·구청에서 출판사 신고가 완료되었고, 출판사 신고확인증을 발급받은 출판사(법인, 개인 모두 가능)
  - 비영리단체 공공기관: 비영리단체임을 나타내는 사업자등록증 혹은 고유번호증을 보유한 단체
- ISBN을 신청하려면?
  - 발행자번호를 배정받은 발행자는 신간도서 발간 전에 ISBN을 부여하고 이 사실을 한국서지표준센터에 통보(신청)하여야 한다.
  - 온라인, 팩스 또는 방문 신청이 가능하며 통보서(신청서)는 인쇄 및 출판일 이전에 제출

(1) 신청 방법

① 신청 방법 1: 온라인 신청
- 처리 기한: 신청한 날로부터 업무일 기준 1일(공휴일 제외)
- 처리결과 통지: 이메일, 카카오톡 알림톡으로 처리결과 통지(카카오톡 미사용 시 SMS 문자 통지)

② 신청 방법 2: 팩스 및 방문 신청
- 팩스 번호: 02-590-0621
- 방문 접수처: 국립중앙도서관 국가서지과 ISBN센터(방문 시간: 9~17시)
- 처리 기한: 신청한 날로부터 업무일 기준 1일(공휴일 제외)

(2) 신청 시 주의 사항

- 창간 예정 인쇄자료는 표지, 목차, 판권지를 인쇄 확정 시안으로 제출
- 온라인자료는 첫 호 발행 확인 이후 ISSN 배정이 가능
- 온라인자료는 표제화면(URL 접속 시 첫 화면, 간행물이 업로드된 페이지)을 캡처하여 제출
- 신청서의 발행처, 판권지의 발행처, 제출하는 등록증의 발행처가

일치해야 함

- 별도의 등록증이 없는 학회, 연구소의 경우 상위기관의 등록증 또는 학회장이 소속된 단체의 등록증으로 대체하여 제출
- e-ISSN 신청서는 별도로 존재하지 않으므로 ISSN 신청서에 발행 형태를 '온라인'으로 지정하여 신청

4. 전자책 출판 과정
(유페이퍼)

유페이퍼 전자책 출판 절차

(1) 유페이퍼 회원가입 및 로그인

- 유페이퍼 홈페이지(https://upaper.kr)에 접속
- 무료 회원가입을 진행: 이메일, 비밀번호 입력
- 계정 생성 후 로그인

(2) 전자책 등록 준비

① 필수 준비물: 전자책 파일(EPUB 또는 PDF)
- EPUB 형식 권장

- PDF는 고정 레이아웃 콘텐츠에 적합
- 파일 크기는 최대 100MB 이내로 제한

② 표지 이미지: JPEG 또는 PNG 형식
- 권장 크기: 1600×2560 픽셀

③ 도서 정보
- 제목: 출간할 전자책의 제목
- 부제목: 선택 사항(공백 포함 20자까지 가능)
- 저자 이름: 출간할 전자책의 저자 성명
- 출판사: 출판사가 있으면 출판사 이름, 없으면 유페이퍼를 넣어줌
- 출간일자: 유페이퍼에서 ISBN을 신청할 경우(7~10일 권장)
- 카테고리(문학, 자기계발, 교육 등) 출간할 책의 분야에 맞게 1차, 2차 유형을 선택
- 도서 설명 및 키워드: 책의 소개를 최소 100자 이상 작성, 저자에 관한 소개 최소 50자 이상 작성
- 가격 정보: 유료 판매 시 판매가 설정, 무료로 배포할 수도 있음

(3) 전자책 등록

① 유페이퍼 출판사 대시보드 접속
- 로그인 후 '내 책 만들기' 버튼 클릭

② 기본 정보 입력
- 도서 제목, 부제, 저자 이름, 출판사 이름 입력
- 카테고리 선택 및 간략한 도서 설명 작성

③ 원고 파일 업로드
- EPUB 또는 PDF 형식으로 전자책 파일 업로드

④ 표지 이미지 업로드
- 표지는 도서의 첫인상을 좌우하므로 품질 높은 이미지를 사용

(4) 가격 설정 및 유통 옵션 선택

- 유료 판매: 판매가 입력(자율 설정), 유페이퍼는 판매 수익의 일부를 수수료로 차감
- 무료 배포: 독자 확보를 목적으로 무료로 제공 가능

(5) ISBN 발급 여부

- 유페이퍼에서 ISBN 발급 지원(유료 서비스)
- 이미 ISBN이 있다면 등록 시 기입

(6) 유통 범위 선택

- 유페이퍼 플랫폼 내 유통
- 외부 플랫폼(교보문고, YES24, 알라딘 등) 연동 가능

주의 사항

- 승인 반려 사유: 작가 이름, 유페이퍼 출판사 누락, 마지막 장에 출판사 이름, 책 가격, 저자, 판권 누락
- 판매자 등록 본인 이름과 예금주 이름이 동일해야 함

제7장

퍼스널 브랜딩

1. 차별화의 시작,
나만의 퍼스널 브랜딩

퍼스널 브랜딩은 자신을 하나의 브랜드로 만드는 과정이다. 나와 같은 일을 하는 사람들이 같은 주제를 가르치고 비슷한 방식을 사용한다면 크게 성장하기는 쉽지 않을 것이다. 따라서 그들과는 다른 나만의 차별화된 강점을 찾는 것이 중요하다.

주산암산은 오랫동안 학원 형태로 운영되어왔지만, 시대의 변화에 따라 한동안 사람들의 관심에서 멀어졌던 시기도 있었다. 그래서인지 "아직도 주산을 배우나요?"라는 질문을 종종 듣곤 한다. 그러나 지난 20여 년간 여러 주산 관련 단체들의 노력 덕분에 다시 주목받으며 수업이 활발히 이루어지고 있다.

주산암산은 오랜 시간 사랑받아온 과목인 만큼, 이미 많은 선배 강사님들이 활동하고 계신 분야이다. 이는 곧 이 영역에서 공부방이나 학원을 운영하려면 쟁쟁한 선배님들과 경쟁해야 한다는 의미이기도 하다. 나 역시 처음 발을 내디뎠을 때, 그분들과 비교해 경력이 짧고 실력 면에서도 부족하다는 점을 느끼며 쉽지 않은 도전임을 깨달았다. 나만의 퍼스널 브랜딩이 필요했다. 쟁쟁한 경쟁자들과 차별화된, 새롭고, 더 나으며, 독창적인 무언가가 필요하다고 느꼈다.

초창기에는 매뉴얼을 만드는 과정에서 다소 힘들었지만, 수업 대상 학년을 명확히 정하기로 했다. 주변 지인들로부터 "대상을 가려 받는다"라는 말을 듣기도 했지만, 내가 가장 잘 가르칠 수 있는 연령대인 7세부터 10세로 결정했다.

또한, 주산 수업만을 듣는 학생은 받지 않기로 원칙을 세웠다. 쟁쟁한 경쟁자들과 차별화를 꾀하기 위해 수학 수업을 병행하는 프로그램을 도입했다. 단순히 주산을 수학에 접목하는 것을 넘어, '수학도 잘 가르치는 학원'으로 브랜딩하기로 한 것이다. 이를 위해 주 3회 주산 수업과 주 2회 수학 수업을 병행하며 학습의 균형을 맞췄다.

특히 학생들이 전국 단위 평가로 잘 알려진 HME 해법수학학력평가에 연 2회 응시할 수 있도록 준비했다. 감사하게도 2022년 하반기와 2023년 상하반기에는 우리 영재원이 최우수 단체상을 3회 연속 받을 정도로 학생들의 수학 실력이 두각을 나타내게 되었다. 이는 아이들과 학부모님들의 믿음 덕분이며, 학원 프로그램의 차별화된 접근이 성공적이었다는 증거라고 생각한다.

남편의 제안으로 우리 영재원만의 성적 관리 프로그램을 개발하게 되었다. 3년 전 갑작스러운 이전 상황을 맞이했을 때, 계약이 종료되면 사라질 인테리어에 많은 비용을 투자하고 싶지 않았다. 그때 남편은 인테리어 비용을 최소화하고, 대신 내가 운영하는 교육원에서 활용할 수 있는 주산암산 성적 관리 프로그램을 개발하자고 제안했다.

시중에 다양한 프로그램이 나와 있었지만 우리 교육원의 특성과 잘 맞지 않았다. 무엇보다 우리 아이들만을 위한 맞춤형 프로그램이 있었으면 좋겠다는 생각에 동의하게 되었다. 개발 과정에서 많은 시행착오를 겪었지만 완성된 후 학부모님들로부터 큰 호응을 얻었고, 이 프로그램은 이제 우리 영재원의 과제 점검과 학생들의 실력 향상을 위한 중요한 도구로 자리 잡았다.

경쟁자들과 차별화된, 새롭고 독창적인 무언가를 만들어냈다면 그것을 상징할 수 있는 캐릭터나 상표도 필요하다. 캐릭터와 상표는 나를 표현하는 고유한 상징이 될 뿐만 아니라 색상, 로고, 캐릭터 등을 통해 사람들이 내가 하는 일을 한눈에 이해할 수 있도록 도와준다. 얼마 전에는 6~7세를 대상으로 한글반을 모집했다. 특별히 화려한 전단지나 홍보가 필요하지 않았다. 기존 수강생들에게 간단히 한글반 모집 전단지를 전달했을 뿐인데도, 빠르게 10명이 조기 마감되어 수업을 시작할 수 있었다. 이는 오랜 신뢰와 차별화된 교육 철학이 만들어낸 결과라고 생각했다.

조기 마감을 할 수 있었던 가장 큰 이유는 바로 '원장이 직접 선택한 프로그램'이라는 점이었다. 한글 프로그램을 도입하려고 많은 프로그램을 찾아보았지만, 내 마음을 설레게 하는 프로그램은 좀처럼 만나기 어려웠다. 그러던 중 한 번도 접해보지 못했던 프로그램을 발견했는데, 마치 내가 꿈꾸던 새롭고, 더 나으며, 완전히 차별화된 무언가를 실현한 것처럼 느껴졌다. 이 한글 프로그램(소한이한글)은 내 기대를 뛰어넘었고, 한글 교육에 대한 새로운 가능성을 보여주었다. 그렇게 우리는 한글반 3기를 성공적으로 마감했고, 현재는 4기 수업을 기다리는 학생들이 대기 중이다.

'부드러움을 눈에 보이게 하고, 향기를 눈에 보이게 하고, 공기를 눈에 보이게 한다. 보이지 않는 것도 보이게 만드는 비주얼만이 사람들의 무의식에 스며들어 저절로 행동하게 만든다.' 이랑주의 『오래가는 것들의 비밀』속 이 문장처럼, 보이지 않는 가치를 눈에 보이도록 구현하는 것이 중요하다는 것을 다시금 느끼게 된다. 교육과 프로그램도 결국 이런 가치를 전달할 수 있을 때 사람들의 마음속에 오래 자리잡을 수 있음을 확신한다. 오래간다는 의미는 자신만의 본질을 갖고, 지속적으로 시대와 호흡한다는 것. 가장 중요한 것은 이런 노력이 반드시 '눈에 보여야' 한다는 것이다.

우리 교육원을 표현하는 고유한 상징이 필요했다. 색상, 로고, 캐릭터 등 사람들에게 전달되는 이미지는 오로지 '내 것'에서 나와야 한다.

2. 상표권 등록
절차

상표 선정

상표권 등록은 브랜드나 로고를 보호하고 독점적인 권리를 확보하기 위한 중요한 과정이다.

- 고유성과 독창성 확인: 상표는 다른 상표와 혼동되지 않는 독창적이고 고유한 이름, 로고, 슬로건 등
- 등록 가능성 검토
  - 상표가 기존 등록 상표와 유사하거나 동일하지 않아야 함
  - 상표법에 따라 등록이 제한될 수 있는 상표인지 확인(일반 명칭, 도덕적 문제 등)
  - 특허청 홈페이지(http://www.kipo.go.kr)에서 상표 검색 서비스를 이용해 기존 등록 상표와 중복 여부를 확인해야 함

상표출원 준비 및 출원

(1) 상표출원 준비

- 상표출원서: 상표 이름, 로고, 슬로건 등 등록하려는 상표 정보
- 상표 도안(해당하는 경우): 로고, 심벌 등 이미지를 파일로 준비
- 상품/서비스 분류: 상표가 사용될 상품 및 서비스의 분류를 선택
  (특허청 기준 상품류분류표 참조)
- 출원인 정보: 개인 또는 법인의 이름, 주소, 연락처 등

(2) 상표출원

① 출원 방법
- 특허청 온라인 시스템(특허로): http://www.patent.go.kr
- 특허청 민원실 직접 방문
- 변리사 대행을 통한 출원(권장)

② 출원료
- 1개 상품류 기준 약 62,000원(전자출원 시 할인)

(3) 심사 과정

- 형식 심사: 제출 서류의 적합성을 검토
- 실질 심사: 상표가 법적 요건에 맞는지, 기존 상표와 충돌하지 않
  는지 심사
- 심사 결과
  - 등록결정: 등록 가능한 상표로 판단되면 결정서 발급
  - 보정 요구: 오류나 불완전한 점이 발견되면 보정 요청
  - 거절결정: 법적 요건 미충족 시 상표 등록이 거절될 수 있음(이
    의신청 가능)

(4) 등록료 납부 및 등록

- 심사 통과 후 등록료 납부(등록결정서 수령 후 2개월 이내)
- 등록료: 10년간 상표권 유지를 위한 기본 비용 약 211,000원(상품
  류 1개 기준)

상표권 유지 및 활용

(1) 상표권 유지

- 상표권은 등록 후 10년간 유지되며, 갱신 신청을 통해 10년 단위로 연장 가능
- 갱신 신청은 등록 만료일 6개월 전부터 가능하며, 만료 후 6개월 이내 추가 비용을 납부하면 연장 가능

(2) 등록 완료 후 활용

- 상표 사용 시 상표권 표기를 통해 등록된 상표임을 명시
- 무단 사용 시 법적 조치를 취할 수 있는 권리를 확보

주의 사항

- 변리사 활용: 절차가 복잡할 경우 변리사의 도움을 받는 것이 유리함

- 국제 상표 등록: 해외에서 상표 보호가 필요하다면 마드리드 프로토콜을 통해 국제 출원 가능

제8장

저작권 등록 절차

1. 새로운 것을 창조하라, 그리고 보호하라

희소성이란 매우 드물고 적은 특성을 가리킨다. 경제학에서 의미하는 희소성은 인간의 욕구는 무한한 데 비해 이를 충족시켜줄 자원은 부족한 상태를 의미한다. 희소성 때문에 누구도 원하는 것을 모두 다 가질 수는 없으며, 인간은 희소성 속에서 살아가게 된다(두산백과 두피디아, 두산백과).

내가 제공하는 교육서비스가 그저 그렇게 누구나 이용할 수 있는 게 아니란 걸 명확하게 해야 한다. 사람들은 가장 갖고 싶어 하는 것을 가질 수 없게 될지 모른다고 생각하면 더 안달이 나기 마련이기 때문이다. 남에게는 없는, 다른 사람은 결코 주지 못하는 새로운 것을 주지 않으면 안 되는 시대이다. 각자 수업을 하면서 쌓아뒀던 자료들을 모아 저작권을 등록해보기를 권한다.

얼마 전, "가맹 교육원 선생님들 몇 분이 소한이한글의 자료를 무단으로 사용하며 마치 자신의 콘텐츠인 것처럼 활용하고 있다"라는 이야기를 들었다. 이 소식은 내게 큰 충격과 함께 다시 한번 저작권 보호의 중요성을 일깨워주었다.

솔직히 말하자면, 나 역시 강사 생활 15년 동안 다양한 수업을 참고하고 배운 내용을 내 강의에 접목해온 경험이 있다. 이는 다른 이의 아이디어를 단순히 따라 한 것이 아니라, 배움과 창조적 응용의 과정이었다고 생각한다. 많은 강사들이 여러 강의를 듣고 배우는 이유도 자신의 교육 활동에 도움이 되고자 함이지, 타인의 자료를 무단으로 베껴 사용하는 것이 목적은 아닐 것이다.

애써 만든 소중한 자료가 타인의 수업에서 제대로 활용되는 것이 아니라, 부당하게 도용되지 않도록 하기 위해 저작권 등록은 필수적이다. 타인의 자료를 무단으로 사용하는 것은 창의성을 훼손할 뿐 아니라, 윤리적으로도 문제가 되기도 한다.

영재원 캐릭터 상표권 등록 과정에서 심사가 길어지며 불안감을 느낀 적이 있다. 다행히 저작권 등록이라는 대안을 알게 되었고 이를 통해 영재원 캐릭터를 보호할 수 있었다.

저작권 등록은 자신의 콘텐츠와 노력의 가치를 보호하는 가장 확실한 방법이다. 소중한 자료와 아이디어를 지키기 위해 미리 대비해두는 걸 추천한다.

2. 저작권 등록
절차

저작권 등록에 대해

사람의 사상이나 감정은 문자, 소리, 그림, 영상 등으로 다양하게 표현될 수 있고 그렇게 표현된 표현물에 '창작성'이 있다면 저작물이 될 수 있다. 이처럼 인간의 사상 또는 감정을 표현한 저작물을 창작한 사람은 저작권 등록이 가능하며, 우리 저작권법에서는 구체적으로 저작물에 대한 예시를 하고 있다(법 제2·4·5조).

(1) 저작권 등록 준비

- 등록 대상 선정: 저작권 등록이 가능한 창작물은 문학, 음악, 미술, 연극, 영화, 소프트웨어 등 창작성이 있는 저작물
- 자료 준비: 등록할 저작물의 원본 또는 사본, 창작 과정에 대한

증빙 자료를 준비

- 저작물 정보 정리: 저작물 제목, 창작자 정보, 창작 연도, 저작물
  유형 등을 명확히 정리

(2) 저작권 등록 신청

① 신청 기관 선택

- 한국저작권위원회 (KCC): 저작권 등록을 공식적으로 관리하는
  기관
- 특허청: 상표권 및 디자인권 등도 함께 등록을 고려한다면 관련
  성 있는 기관

② 온라인 신청

- 한국저작권위원회의 저작권 등록시스템에 접속하여 온라인 신청
  서를 작성

③ 필요 서류 업로드

- 저작물 파일(원본 또는 사본)
- 창작 증빙 자료
- 신분증 사본(개인) 또는 사업자등록증 사본(법인)
- 저작권 등록 신청서

※ 저작물의 종류

어문저작물	시(현대시, 시조, 동시), 소설, 수필(에세이, 기행문, 서간문, 일기, 콩트), 교양물, 평론, 논문, 학습물, 기사, 칼럼, 연설(강연, 설교, 설법), 희곡, 시나리오, 시놉시스, 트리트먼트, 각본, 대본, 가사, 사용설명서, 브로셔, 기획안 등
음악저작물	대중가요, 순수음악, 국악, 동요, 가곡, 오페라, 관현악, 기악, 종교음악, 주제가 등
연극저작물	무용, 발레, 무언극, 뮤지컬, 오페라, 마당극, 인형극, 즉흥극, 창극 등
미술저작물	회화(서양화, 동양화), 서예, 조소(조각, 소조), 판화, 모자이크, 공예, 응용미술(디자인, 삽화, 캐릭터, 도안, 그래픽), 만화, 로고, 포스터, 그림동화, 캐리커처, 각종 도안 등
건축저작물	건축물, 건축설계도, 건축물 모형
사진저작물	일반, 누드, 풍경, 인물, 광고 등
영상저작물	극영화, 애니메이션, 방송프로그램, 기록필름, 광고, 게임 영상, 뮤직비디오, 교육용 동영상 등
도형저작물	(특수목적) 지도, 도표, 설계도(건축설계도 제외), 모형, 지구의, 약도 등
편집저작물	사전, 홈페이지, 문학전집, 시집, 신문, 잡지, 악보집, 논문집, 백과사전, 교육교재, 카탈로그, 단어집, 문제집, 설문지, 인명부, 전단, 기획안, 데이터베이스 등
2차적저작물	원저작물을 번역·편곡·변형·각색·영상제작 그 밖의 방법으로 작성한 창작
컴퓨터프로그램저작물	응용S/W(사무관리, 과학기술, 교육, 오락, 기업관리, 컨텐츠 개발용 S/W, 프로그램 개발용 S/W, 산업용 S/W, 등), 시스템 S/W(제어프로그램, 언어 처리, 유틸리티, 데이터통신, 데이터베이스, 보안S/W, 미들웨어 등)

④ 등록 수수료 납부

• 신청 시 요구되는 수수료를 납부(저작물의 유형과 목적에 따라 다름)

(3) 심사 및 등록

• 심사 과정: 저작권위원회에서 제출된 저작물과 정보를 심사(창작성을 확인하고, 중복 여부를 검토)
• 등록 결정: 심사가 완료되면 등록 여부가 결정되며, 결과는 이메일 또는 우편으로 통지

(4) 등록증 발급

• 등록증 수령: 등록이 완료되면 저작권 등록증 발급(저작물의 소유권을 증명하는 공식 문서로 활용 가능)
• 저작권 보호 효력: 등록된 저작물은 법적 보호를 받으며, 무단 사용 시 법적 대응이 가능

등록 후 활용 및 참고 사항

(1) 등록 후 활용

- 저작물 관리: 저작권 등록증을 보관하고, 필요시 등록 정보를 업데이트하거나, 저작권을 양도 또는 라이선싱할 수 있음
- 침해 대응: 저작물이 무단으로 사용될 경우, 등록증을 근거로 침해를 방지하거나 법적 조치를 취할 수 있음

(2) 참고 사항

- 저작권은 창작과 동시에 발생하나, 등록은 법적 보호와 분쟁 해결에 강력한 증거로 활용됨
- 절차가 복잡하거나 자료 준비에 어려움을 느낀다면 저작권 전문 변호사나 대행 서비스를 이용

제9장

지역사회서비스 바우처 등록 절차

1. 사회서비스,
희망의 불씨를 잇다

둘째 아이가 네 살이 되던 해, 언어치료, 놀이치료, 음악치료를 시작
했다. 처음에는 하늘이 무너져 내리는 듯한 절망감에 사로잡혔지만,
곧 '어떻게든 아이를 건강하게 키워야 한다'라는 절박한 마음이 나를
일으켜 세웠다. 아이에게 필요한 치료라면 무엇이든 해주고 싶었지만,
전문 치료의 비용은 그때나 지금이나 결코 만만치 않았다. 때로는 자
비로 치료비를 부담하기도 했지만, 다행히 바우처 제도의 도움을 받
아 치료를 이어갈 수 있었다.

아이와 함께 치료를 받으며 문득 이런 생각이 스쳤다. '내가 직접 바
우처 제공기관을 운영하면 어떨까?' 치료가 필요한 아이들과 그 가족
들에게 조금이라도 도움이 될 수 있다면 얼마나 좋을까 하는 마음이
생겼다.

하지만 그 시작은 결코 쉬운 길이 아니었다. 정부 사업을 운영하기
위해 준비해야 할 서류들은 복잡하기 이를 데 없었고, 아무리 서류 작
업에 자신 있다고 해도 그 규모와 범위는 완전히 다른 차원의 일이었

다. 주변 사람들은 하나같이 나를 말렸다. "주부로 지내온 네가 그런 걸 어떻게 해?"라며 걱정과 우려 섞인 조언을 쏟아냈다.

그런데 이상하게도 그런 말들이 오히려 내 결심을 더욱 단단하게 만들었다. 돈을 벌겠다는 욕심이 아니라, 호연이가 살아갈 세상이 조금이라도 더 따뜻해지길 바라는 마음이었다. 나처럼 절박한 부모들이 더 이상 혼자 애쓰지 않아도 되는 세상, 그런 세상을 만들고 싶었다.

바우처 제공기관을 준비하려고 마음먹었지만, 어디서부터 시작해야 할지 막막하기만 했다. 지금은 지역사회서비스와 관련된 자료들이 워낙 잘 정비되어 있어 쉽게 접근할 수 있지만, 내가 사회서비스를 시작한 12년 전에는 상황이 전혀 달랐다. 정보를 얻는 것조차 큰 도전이었다. 결국 구청으로 무작정 찾아갔고, 약속도 없이 담당자를 만났다. 당황한 표정의 담당자는 메모지 한 장을 건네주며 말했다.

"여기에 적힌 번호로 전화해보시거나, 인터넷에서 참고해보세요."

그 메모지에는 전화번호 하나와 인터넷 주소가 적혀 있었다. 바로 그 작은 메모지가 나의 첫걸음을 내딛게 한 출발점이었다.

담당자의 대답은 짧고 무심했다. 하지만 나는 간절한 마음으로 구청을 찾아갔기에, 바우처 제공기관을 등록하려는 이유를 차분히 하나씩 이야기하기 시작했다. 처음에는 귀찮아하는 듯한 표정으로 내 이야기를 듣던 담당자가, 끝까지 듣고 나서는 깊은 한숨을 내쉬며 책 한 권을 건넸다.

"이건 작년에 발행된 바우처 제공기관 등록 관련 책자입니다. 올해 자료는 제가 가지고 있는 거라 드릴 수는 없고, 이건 작년 자료이니 참고만 하세요. 법이 크게 바뀌진 않았으니 서류 준비할 때 도움이 될 겁니다."

그저 감사했다. 철 지난 책자라도 내 손에 들린 것이 얼마나 큰 위안이 되었는지 모른다. 책자를 품에 안고 집으로 돌아오며 묘한 결의가 마음속에 피어올랐다.

그날 밤, 책을 펼쳐 밑줄을 긋고 메모하며 공부를 시작했다. 새벽녘, 큰아이가 화장실에 가다 멈춰 서서 물었다.

"엄마, 뭐 해요?"

책상 위에는 어지럽게 펼쳐진 서류와, 아무리 봐도 생소한 용어들로 가득한 책이 놓여 있었다. 법률 용어는 물론이고 바우처 관련 규정 하나하나가 전부 낯설었다. 당시 부산지역사회서비스지원단은 아직 명확한 매뉴얼을 갖추지 못한 상황이었고, 제공기관은 각자 법률과 등록 기준을 해석해 서류를 만들어야 했다.

정부의 바우처 사업은 사회적 약자를 위한 프로그램인 만큼 일반 사업자와 달리 면세로 운영되었고, 기준 역시 까다롭고 복잡했다. 그러다 보니, 책 한 권과 나의 의지로 시작한 작업은 끝이 보이지 않는 미로처럼 느껴졌다.

10월 말, 책자를 받아 들고 몇 달간 서류를 준비하다 보니 한 가지는 분명해졌다. 지금 내가 쓰고 있는 사무실로는 제공기관 등록이 불가능했다. 고민 끝에 나는 새로운 결단을 내렸다. 새로운 사무실로 이사하자. 한 걸음 더 나아가기 위해서는, 더 나은 시작을 준비해야 했다.

서류 작업이 거의 마무리될 무렵, 달력은 어느덧 12월 초를 가리키고 있었다. 하지만 새로운 사무실을 찾는 일은 생각보다 험난했다. 부동산을 찾아가고, 생활정보 신문을 샅샅이 뒤져봤지만, 마음에 드는 공간은 좀처럼 나타나지 않았다. 임대 현수막을 발견할 때마다 차를 몰고 동네 구석구석을 누비며 적당한 자리를 찾아다녔지만, 도시의 복잡한 풍경 속에서 내가 원하는 공간은 좀처럼 모습을 드러내지 않았다.

그렇게 발품을 판 지 2주가 지나 마침내 적합한 사무실을 발견했다. 20평 남짓한 공간은 강의실과 사무실을 분리해 사용할 수 있었고, 지하철역에서도 가까워 접근성도 훌륭했다. 작은 공간이었지만, 꿈을 담기에 충분히 따뜻한 그릇처럼 느껴졌다.

사회서비스는 단순한 복지 이상의 가치를 담고 있다. 이는 국가와 지방자치단체, 그리고 민간의 협력을 통해 도움이 필요한 국민에게 복지, 보건의료, 교육, 고용, 주거 등 다양한 영역에서 인간다운 삶을 보장하려는 노력이자, 국민의 삶의 질을 높이고자 하는 다리와도 같다.

특히 특수아동들에게는 지속적인 치료가 무엇보다 중요하다. 그러나 치료의 경제적 부담은 많은 가정에 큰 장벽이 된다. 기관마다 상담과 치료비가 천차만별인데, 어떤 곳은 회당 3만 원에서 많게는 20만 원을 넘는 경우도 있다. 아이들이 좋아지려면 상담 횟수가 많아야 하지만, 많은 부모들이 비용 부담에 주저할 수밖에 없는 현실이다.

이를 위해 교육부와 보건복지부는 매년 막대한 예산을 투입해 바우처 프로그램을 운영하며, 가정들이 치료비 걱정 없이 아이들에게 필요한 지원을 받을 수 있도록 돕고 있다. 이 제도는 단순히 지원을 넘어 아이들의 미래를 밝히고 그들이 더욱 건강한 세상에서 살아갈 수 있도록 돕는 희망의 불씨가 되고 있다.

나는 이 공간에서 그 불씨를 이어가고 싶었다. 작은 사무실이지만, 그 안에 담길 꿈과 열정은 무한히 확장될 수 있으리라 믿었다.

서류를 준비하는 동안 구청 담당자와의 통화는 끊이지 않았다. 사회서비스는 시·구 예산과 보건복지부 예산이 함께 쓰이는 만큼 구청의 감독이 필수였다. 서류 준비 과정 중 가장 큰 고민은 사무실 설계도였다. 다른 서류는 어떻게든 준비가 가능했지만, 설계도만큼은 막막하기 그지없었다. 더군다나 새로 이사할 사무실을 설계사와 함께 방문해야 한다는 번거로움은 내게 큰 부담으로 다가왔다.

한참을 고민하다 결국 '에라 모르겠다' 하는 심정으로 내가 가입한 밴드, 카페, 단체 SNS에 도움을 요청했다. 설계도를 그릴 수 있는 사람이 있는지 묻는 글을 올리면서도 기대는 크지 않았다. 그런데 뜻밖에도 가까운 곳에서 설계사를 소개받을 수 있었다. 소개해 준 이는 안선희 선생님의 지인이었다. 마치 어둠 속에서 빛을 발견한 듯 기뻤다.

설계도가 완성되고, 마침내 서류 작업도 끝이 났다. 10월부터 시작된 작업이 12월 중순이 되어서야 마무리되었다. 서류를 들고 구청을 찾았다. 다른 이들은 여러 곳의 도움을 받아 서류를 준비했겠지만, 나는 물어볼 데가 없어 책자를 뒤지고 발로 뛰며 하나씩 채워 넣느라 시간이 오래 걸렸다.

담당자는 서류를 꼼꼼히 살펴보다가 말했다.

"처음이라고 하셨는데 서류가 굉장히 꼼꼼하게 작성됐네요. 따로 수정할 필요는 없으니 두고 가시면 됩니다."

그 말을 듣고 안도의 한숨을 내쉬는 것도 잠시, 곧바로 물었다.

"처리 기간이 얼마나 걸릴까요? 1월부터 바로 사업을 시작하고 싶은데 가능할까요?"

하지만 담당자는 머뭇거리며 말했다.

"제가 곧 타 부서로 발령이 나서 내년에 담당자가 바뀝니다. 서류 처리가 빠르게 되긴 어려울 것 같아요."

그 말을 듣는 순간, 한 달 월세를 무수입 상태로 감당해야 할 불안이 밀려왔다. 늦게 서류를 준비한 내 탓이란 생각에 아쉬움을 삼키며 돌아섰다.

그리고 드디어, 1월 중순이 되어 연락을 받았다.

"좋은배움 사회서비스센터가 등록되었습니다."

그 순간, 긴 여정 끝에 목적지에 도달한 듯한 묵직한 감동이 밀려왔다. 이름처럼 이곳이 좋은 것을 배우고 실천할 수 있는 공간이 되기를 간절히 바랐다. 몇 개월간의 노력은 비록 힘들었지만, 이제 나는 더 큰 꿈을 향해 첫걸음을 내딛고 있었다.

2. 사회서비스 등록
절차

사회서비스 등록에 대해

사회서비스는 개인 또는 사회 전체의 복지증진 및 삶의 질 향상을
위해 사회적으로 제공되는 서비스다.

(1) 사회서비스 등록 규정의 목적

사회서비스 이용자의 제공기관 선택권을 보장하여 사회 변화에 따
른 국민의 다양한 사회서비스 욕구에 대응하고 제공기관의 진입 장벽
을 완화하여 경쟁을 통한 우수 제공기관을 육성한다.

(2) 법적 근거

「사회서비스 이용 및 이용권 관리에 관한 법률」 제16조(제공자 등록), 「사회서비스 이용 및 이용권 관리에 관한 법률」 제16조 ① 사회서비스 이용권을 통하여 사회서비스를 제공하려는 자는 제공하려는 사회서비스별로 시장·군수·구청장에게 등록하여야 한다. 등록사항을 변경하는 경우에도 또한 같다.

(3) 시설장비 기준

① 지역사회서비스 투자사업 시설장비 기준

사회서비스 유형	시설 기준	장비 기준
재가방문 서비스 (재가방문형)	사업 수행에 필요한 사무실	통신설비, 집기 등 사업 수행에 필요한 설비와 비품
활동보조 서비스 (집단활동형)		
지원상담 서비스 (기관방문형)	사업 수행에 필요한 사무실: 세부사업별 상이·기준정보 참조 • 전용면적 33㎡ 이상 공간 및 별도 사무실 시설 - 이용정원 10명 이상의 경우 1명당 3.3㎡ 추가 확보 • 서비스 이용자가 18세 미만의 아동인 사업의 경우 - 보건·위생·안전·환경 및 교통편의 등을 충분히 고려하고 「아동복지법 시행규칙」 별표 제1호 가목에 따라 「청소년보호법」 제2조 제5호에 따른 청소년 유해업소가 50m 주위에 없는 쾌적한 환경이 유지되는 곳에 설치되도록 안내하여야 함 - 아동이 이용하는 서비스를 제공하는 기관 중 50m 주위에 청소년 유해업소가 소재하고 있는 곳은 이용 아동 보호 대책을 마련하고 시설 이전 및 신규 시설 등록의 경우 위의 기준에 따름	※ 필수 장비: 인터넷, 컴퓨터, 전화, FAX, 기타 사무용 집기

② **부산 지역사회서비스 투자사업 시설 기준**

- 2024년 부산지역 사회서비스 투자사업 서비스 유형(시설 기준) 적용
- 신규 제공기관으로 등록하는 경우 사업별 「서비스유형(시설 기준)」 적용
- 기존 제공기관의 시설 이전 또는 사업 추가 등록 시 사업별 「서비스유형(시설 기준)」 적용

(4) 인력 배치 기준

	제공기관장	관리책임자	제공인력
역할	기관 대표자	이용자 및 제공인력 관리 등	기준정보 내용으로 이용자에게 실제 서비스 제공하는 자
인원수	1명	1명	세부 서비스별 1명 이상
자격기준	별도 자격 기준 없음 (단, 이용권법 제17조의 결격사유에 해당되지 않아야 함)		보건복지부 고시(제2016-228호) 및 동 고시 제4호에 따른 제공인력 자격 기준에 적합한 자
비고	• 기관장 및 관리책임자 겸직 가능 • 기관장 또는 관리책임자가 제공인력 자격 기준을 갖춘 경우에는 서비스 제공은 가능하나, 별도의 제공인력을 배치하여야 함. (예시) 제공기관 등록 시 제공기관의 장 1명(관리책임자 겸직하는 경우), 서비스별 제공인력 1명 이상 배치 ※ 제공기관 등록 이후 제공기관의 장, 관리책임자, 제공인력의 변경(신규 채용 등)이 있을 경우 「사회서비스 이용 및 이용권 관리에 관한 법률 시행규칙」 제8조에 따라 해당 구군에 변경 등록하여야 함		시각장애인 안마서비스 예외(보건복지부 고시 제2012-137호) ※ 단, 서비스 제공 시에 지역사회서비스 제공계획(기준정보)에 따른 집단규모 반드시 준수하여야 함

(5) 제공기관 등록을 위한 교육 훈련 기준

① 등록 전 의무교육

- 신규 제공기관으로 등록하려는 자 및 기존 제공기관의 사업을 추가 등록하려는 자는 등록 전 [1] 등록예정자 의무교육과 [2] 사이버 교육을 반드시 이수하여야 함
- 교육시간([1]+[2]): 신규 제공기관 16시간, 시각장애인안마서비스 신규 제공기관 4시간, 기존 제공기관 8시간
- 위 [1], [2]의 교육이수증 제출 시 제공자 등록 신청 가능(단, 시각장애인안마서비스를 등록하려는 자는 [1]의 교육만 이수·교육 이수증 제출)

※ 시각장애인 안마서비스 기관 등록예정자 의무교육 이수 관련 안내사항

- 시각장애인 안마서비스를 등록할 기관은 교육 명칭이 「시각장애인 안마서비스 신규등록예정자 의무교육」인 교육을 4시간 이수(별도 사이버교육 없음)
- 단, 교육명칭이 「시각장애인 안마서비스 신규등록예정자 의무교육」이 아닌 「신규등록예정자 의무교육」인 경우, [1] 등록예정자 의무교육과 [2] 사이버 교육을 합쳐 총 16시간을 이수해야만 교육이수로 인정

② 등록예정자 의무교육

- 대상: 제공기관의 장 또는 관리책임자
- 내용: (신규) 부산지역 사회서비스 투자사업 기준정보, 등록 서류 및 절차, 품질관리 등 (기존) 성과관리 교육 등
- 교육훈련 횟수: 반기 1회(연 2회)
- 교육훈련 일정: 부산지역사회서비스지원단 홈페이지 공지사항 공지
- 교육 신청 및 이수증: 부산지역사회서비스지원단 홈페이지 온라인 신청 및 교육 이수증 발급

※ 제공기관의 장이 의무교육을 반드시 이수해야 하나 기관장이 부득이한 사유로 교육에 참석할 수 없을 경우 관리책임자의 교육 참석 허용함(이수증 제출 시 기관장 또는 관리책임자의 교육이수증이 반드시 있어야 함)

※ A 사업에 등록되어 있는 ○○제공기관이 B 사업을 추가로 등록할 경우도 기존 제공기관 대상 등록예정자 의무교육을 이수하여야 함

※ 등록예정자 의무교육 이수 관련 안내사항

- 등록예정자 의무교육 이수증의 유효기간은 교육시행일자로부터 6개월
- 교육이수증은 기관장 또는 관리책임자 중 1명의 교육이수증만 있어도 등록이 가능
- 등록예정자 교육을 받은 제공자(제공기관의 장 또는 관리책임자)는 등록 후 교육 시간으로 인정되오니 교육이수증을 잘 보관하기 바람

③ 사이버 교육

- 대상: 제공기관의 장 또는 관리책임자
- 내용: 상세한 교육 과정은 부산지역사회서비스 홈페이지 공지사항에 별도 공지

(6) 시설·장비·인력의 공동 이용

- 둘 이상의 사회서비스를 함께 제공하는 경우 사업에 지장이 없는 범위 내에서 시설·장비를 중복하여 갖추지 않을 수 있고, 제공인력을 공동으로 활용 가능
- 제공자의 시설을 「사회복지사업법」상 사회복지시설에 병설하여 운영하는 경우 사업에 지장 없는 범위에서 시설·장비 공동 활용 가능

(7) 제공자 결격사유

「사회서비스 이용 및 이용권 관리에 관한 법률」 제17조에 따라 다음 각 호의 어느 하나에 해당하는 사람 또는 법인의 경우로서 임원 중 다음 각 호의 하나에 해당하는 사람은 제공자로 등록이 불가하다.

- 피성년후견인 또는 피한정후견인
- 파산선고를 받고 복권되지 아니한 사람
- 금고 이상의 실형을 선고받고 그 집행이 끝나거나(집행이 끝난 것으로 보는 경우를 포함한다), 집행이 면제된 날부터 2년이 지나지 아니한 사람
- 금고 이상의 형의 집행유예를 선고받고 그 유예기간 중에 있는 사람
- 금고 이상의 형의 선고유예를 받고 그 유예기간 중에 있는 사람
- 이 법을 위반하여 벌금형을 선고받고 1년이 지나지 아니한 사람
- 이 법에 따라 제공자 등록이 취소된 후 2년이 지나지 아니한 사람

(8) 제공기관 등록 제출 서류

서비스 유형	제출 서류	비고
① 서비스 종류	㉠ 운영규정(보건복지부 품질평가 지표) ㉡ 사회서비스 제공자 등록 신청서 ㉢ 지역사회서비스 투자사업 서비스 개요서 작성 제출 ㉣ 서비스 제공지역 표기 등 기관운영 계획서 제출	- 시각장애인안마서비스는 운영규정 제출 제외 - 서비스계획과 충족 여부 판단
② 사회서비스 제공자	사업자등록증 사본	
③ 대표자	주민등록증 사본	- 신청자의 신분 확인 - 법 제17조의 결격사유 미해당자
④ 법인	법인 정관(필요시)	임원 전체 작성
⑤ 지급 계좌	통장 사본	- 대표자 또는 제공자 명의 통장

⑥ 시설 기준	• 평면도(사무실 및 서비스제공시설) * 위치가 다를 경우 주소 명기 - 임차시설인 경우 임대계약서 사본 - 전대차계약인 경우 전대차계약서 사본(건물주의 동의 표시 필요) - 임대차계약이 어려운 학교 등 국가시설의 경우 해당 기관의 장이 장소 사용을 허가한 문서(직인 확인)	- 평면도상 시설 전용면적*(33㎡) 확인 및 서비스 이용공간(이용정원 10명 이상 시 1명당 3.3㎡ 추가) 확인 * '전용면적'이라 함은 등록된 사회서비스만을 제공하기 위한 시설 면적을 의미함
	건물등기부등본	
⑦ 통신설비	• 단말기 보유 현황 및 계획, 기타 장비 등	- 단말기 등 구비 계획 등 적정성 확인
⑧ 그 밖의 설비·비품	• 사업에 따라 상이 ex) 아동정서: 필요한 악기 보유 리스트 및 수 등	- 해당 사업별 특수하게 필요한 비품 리스트를 작성
⑨ 자격 기준	• 대표자에 대한 별도 기준이 없어 제출 서류 없음	- 단, 아동청소년 심리치유서비스는 슈퍼바이저 자격 기준 관련 서류 필요
⑩ 안전관리 계획	• 안전관리계획서, 안전관리 교육 계획서	
⑪ 인력기준	㉠ 제공인력 근로계약서 사본 - 업무내용에 지역사회서비스투자사업명 작성 필요(부산시 추가)	- 4대 사회보험 관련 법령에 따른 사용자의 의무가 명시된 근로계약서 - 단, 근무 형태가 특수한 경우 예외적으로 급여, 업무 내용, 계약 기간, 근무조건 및 4대 사회보험 관련 법령에 따른 처리가 명시된 근로계약서에 준하는 서류도 가능
	㉡ 개인정보 수집 및 이용 동의서(제공인력용)	
	㉢ 제공인력 자격증 사본, 경력증명서, 학력증명서(사업별 상이)	- 보건복지부 제공인력 자격 기준고시
	㉣ 4대보험 사업장가입자 명부	- 제출시기: 등록 후 3개월 이내에 제출
	㉤ 보안각서	
⑫ 교육 이수	• 등록예정자 의무교육 이수증 • 사이버 교육 이수증	- 등록예정자 의무교육은 부산지역사회서비스지원단 주관 교육만 인정함 - 사이버 교육은 부산지역사회서비스지원단 홈페이지에 공지된 교육 과정만 인정함
위임장	대리인 주민등록증 사본	대표자 방문 원칙, 대리인 방문 시

(9) 제공기관 등록 접수(처리기한: 접수일로부터 30일 이내)

① 신청

- 신청: 사업장 주 소재지 관할 시·군·구 지역사회서비스 담당과

② 신청 및 작성 주체: 대표자(방문 접수 원칙)

- 대표자의 위임을 받아 대리인이 접수 가능(위임장 작성 제출)
- 위임장에는 대리인의 인적 사항 및 신청인과의 관계 등을 명시하고 대표자 및 대리인의 서명을 받아 제출(공통양식 제1호 참조)

③ 사업별 제출 서류: 등록 신청서 및 등록 관련 제출 서류 전반(제출 서류 목록)

- 사회서비스 제공자 등록 신청서(제12호 서식)
- 사업자등록증, 제공인력 근로계약서 사본 및 4대 사회보험 사업장가입자명부
  - 4대 사회보험 관련 법령에 따른 사용자의 의무가 명시된 근로계약서. 다만, 지역사회서비스투자 사업의 경우 근무 형태가 특수한 제공인력에 대해서는 예외적으로 급여, 업무 내용, 계약 기간, 근무조건 및 4대 사회보험 관련 법령에 따른 처리가 명시된 근로계약서에 준하는 서류도 가능
  - 4대 사회보험 사업장가입자명부는 등록 후 3개월 이내에 제출토록 함
  - 4대 사회보험 사업장가입자명부 발급 방법: 정보연계센터 홈페

이지(https://www.4insure.or.kr) 온라인 발급 또는 국민연금공단 지사에서 오프라인 발급

④ 서류 작성 요령

- 지역사회서비스투자사업 개요서([제12호 서식] 사회서비스 제공자 등록 신청서 및 지역사회서비스 개요서)
  - 서비스 공급 내용에 제공기관의 서비스 프로그램 개요를 작성
- 사회서비스 제공자 사업운영 계획서([제13호 서식] 제공기관 운영 계획서)
  - 서비스를 제공하고자 하는 시·군·구의 범위, 제공기관장·관리책임자·제공인력 확보 현황·계획 및 자격, 시설 확보 현황, 연간 서비스 프로그램 개요를 작성·제출
  - 제공기관장은 관리책임자 및 제공인력과 계약 체결 시 일자리 참여 정보를 전자바우처시스템 및 정부 일자리통합관리시스템에 제공하는 데 대한 개인정보 제공 동의서를 제출받아 보관

(10) 심사 방법

① 공통사항

- 시·군·구 사업담당자는 제출 서류와 행정정보 공동이용을 통해 법인 등기사항증명서(법인만 해당)와 건물등기부등본을 확인
- 제공인력 자격 기준 확인(본 지침 제3장 부산지역사회서비스투자사업

안내 '제공인력 자격 기준')

- 법 제17조의 결격사유가 없는지 확인: 제공기관의 장 및 법인 임원을 대상으로 등록지 기준으로 법 제17조 제1~6호 사항 결격사유에 대해 서면 조회 실시(단, 제7호의 경우 사회보장정보원에 확인 요청)
- 제출 서류 보완이 필요한 경우 신청인에게 지체 없이 통보하여 보완 지시
- 등록 신청자에 대한 서면심사 및 실사 등을 통해 등록 기준 충족 검토

② 지역사회서비스 투자사업 추가 확인

- 지역에서 계획된 사업과 제공자가 제출한 지역사회서비스 투자사업 개요서와 비교 검토하여 적합한 사업인지 검토: 서비스 프로그램 연간계획 및 내용, 횟수, 단가 등 검토하여 부적합한 경우 등록을 제한
- 제공인력에 대한 추가 검토: 해당 사업의 사업계획서의 프로그램 내용을 참고하여 합당한 제공인력이 갖추어졌는지 확인

(11) 제공기관의 사업 범위

- 시도개발사업(광역): 부산 시민 모두에게 제공 가능
- 구군개발사업(기초): 해당 구·군민에게 제공 가능

(12) 등록의 유효기간

- 지역사회서비스 투자사업의 경우 사업 구조조정 등에 따라 사업이 종료된 경우 등록의 효력은 사라지며, 동법 제18조(제공자의 휴업 및 폐업)에 따른 절차 없이 휴업 처리된 것으로 간주함

(13) 등록정보 시스템 입력 및 등록증 발급(시·군·구 담당자 처리사항)

- 행복e음을 통한 등록정보 입력: 시·군·구 사업 담당자는 등록 신청서에 기재한 정보를 행복e음을 통해서 입력 후 전송
- 전송된 정보는 전자바우처시스템과 연계되어 관리
- 시스템 전송 완료 후 제공기관 정보를 사회서비스 제공자 등록대장(제14호 서식)에 별도 기재
- 제공자 등록증(제15호 서식)을 발급 후 신청인에게 전달: 등록번호는 전자바우처시스템에 정보 입력 후 전송 시 자동 부여